ああ認知症家族

ああ認知症家族

つながれば、希望が見えてくる

髙見国生

岩波書店

まえがき

「ああ認知症家族」——。

このタイトルを見て、あなたはどう感じましたか？

ああ、悲しい。

ああ、つらい。

ああ、やるせない。

そのどれもが、もっともだと思います。

しかし、私は、次のような気持ちもあると思っています。

ああ、よくがんばっている。

ああ、うれしい。

ああ、これが人生だ。

うなだれての「ああ」とは異なる、胸を張っての「ああ」とでも言ったらいいでしょうか。

＊

家族の誰かが認知症になったとき、一家の日常生活は大きく変わらざるを得ません。自分を育ててくれた父や母が、あるいは苦楽をともにした夫や妻が、かつて見たことのない形相をし、信じられないような言動をする——。戸惑い、混乱するのは当たり前。悲しい、つらい、やるせないと思うのも当然です。

それまでの平穏な暮らしは一変します。一日中、気の休まるときがない対応を余儀なくされて、心身ともに疲れ果てます。

しかし何かがきっかけになって、ふっと気持ちが切り替わるときがあります。

そうすると、「ああ、認知症の本人も、私もよくがんばっているなあ」と思えたり、つらい中にもうれしいことも発見できたり、「そうか、これが人生というものか」と納得できたりするようになります。

もちろん、それはそんなに簡単なことではありませんが、私の八年にわたる介護経験と、「認知症の人と家族の会」(以下、「家族の会」)の三〇年の活動の経験から、自信を持ってそう言えます。

＊

かく言う私は、一九四三(昭和一八)年八月生まれで現在六七歳。すでに介護保険被保険者証を手中にしている、れっきとした高齢者です。(自分ではあまり高齢者という自覚はないのですが……。)

福井県で生まれ育っていましたが、一九四八年六月に発生した福井大地震で、六人家族のうち、両親、弟、祖母が亡くなり、四歳一〇カ月の私と八歳年上で中学校へ入学したばかりの姉の二人だけが生き残りました。幼かった私には事態の深刻さはよく分かりませんでしたが、姉はさぞかし心細かっただろうと思います。

そんなことで、おそらく親戚が集まって相談したのでしょう、私と姉は、京都で所帯を持っていた父の二人の姉(伯母)のところへ別々に引き取られることになったのです。地震から数カ月後のことです。

私を五歳から育ててくれたその伯母(養母)に、七五歳ころから認知症の症状が出始めました。私が二八歳のころ(一九七二年)です。それが私の、「ああ認知症家族」の人生の始まりでした。

以来、失禁と奇行、私に向かって「どちらさん?」と尋ねる養母の介護を約八年、そして「家族の会」の代表としての活動を三〇年間続けてきました。

先に私が、つらく悲しくやるせない介護も、何かがきっかけになって、ふっと気持ちが切り替わるときがあります、と述べたのは、その経験からです。

では、ふっと気持ちが切り替わるきっかけになる「何か」とは何か？

この答えはひとつではありません。人さまざま、です。いろいろなことがきっかけになりますし、いろいろな場面がきっかけになることもあります。

でも、確実に言えることは、自分だけで、あるいは自分の家族だけで介護をしていては、この「何か」には巡り合えない、ということ。そうです、つながれば、希望が見えてくるのです。

*

さあ、いま介護中のあなた、この本を読んで、そのきっかけとなる「何か」を見つけてください。

そして、いろいろな思いを持って、あなたも、「ああ認知症家族」と胸を張って言えるようになっていただくことが私の願いです。

目次

序章　認知症新時代がやってきた

まずは、「認知症新時代」について説明しましょう。

「新時代」と言えるのは、「旧時代」があるからです。

私が新時代と言うのは、旧時代を知っているからです。

しかし、現在介護中のあなたは、介護で悩み苦労し、介護保険の不十分さにいらだち、介護も含めた生活の大変さがあるから、「何が新時代だ。良いことなんて何にもないよ」と思われるでしょう。

そう思われるのはもっともです。だって、認知症の人を介護する家族のつらさは、昔も今も基本的には変わっていないのですから。

しかし、認知症を取り巻く環境は、この三〇年の間に確実に変わってきました。間違いなく進歩してきているのです。

あなたの、きょうあすの現実の介護がそれで変わるわけではありませんが、いまの時代がかつての時代とは大きく違うのだということを知ることは、もっと良い時代に向かう可能性があるのだということを知り、日々の介護に希望を見出し、良い時代をつくるために自分のいまの経験を役立てようという前向きの気持ちにさせてくれるに違いないと思います。

進んだ理解と対策

私が母の介護をしたときは、認知症の人は「痴呆性老人」と呼ばれていました。この言葉から分かるように、何もできず何も分からなくなってしまった廃人のような人で、家族にそのような人が出ることは恥ずかしいことと思われていました。

したがって認知症の人の面倒をみるのは家族の責任という風潮が強く、本人や家族に対する行政の支援は一切ありませんでした。家族だけの力で世話をせざるを得なかった時代でした。

私も八年間にわたって母の介護をしたのですが、その世話は家族だけの力で行いました。次章で詳しく紹介しますが、家の中はウンコやオシッコだらけ、家具は前面を裏に向けて母から〝防御〟し、医療や福祉にも相手にされないため、自費で家政婦さんを雇ってなんとかしのいだのです。世間では、自宅の一室に認知症の人を閉じ込める「座敷牢」が平気で行われてもいました。

しかし現在では、介護は家族だけの力ではできないということが社会的に理解されてきて、介護を支えるための介護保険制度ができています。朝な夕な、デイサービスの送迎車が街中を走りまわっています。ホームヘルパーが在宅生活を支えてくれるようになりました。認知症のことを理解し手助けをしようという「認知症サポーター」は、二五〇万人を超えました。(二〇一一年三月現在)

もちろん、介護保険制度にもまだまだ不十分なところがありますし、社会の中にもまだまだ無理解な面が残っていますが、しかしそれでも以前と比べると隔世の感がすると言っても過言ではありません。

このような時代の変化が、認知症新時代の第一の特徴と言えます。

本人が語る時代

では、第二の特徴はなんでしょうか。

まず、認知症(アルツハイマー病)と診断された五七歳の男性が語った言葉をお読みください。

「もの忘れが始まって一〇年になります。病気になったことは本当にくやしいです。

なぜと思う気持ちや、自分が自分でなくなる不安もありますが、家族やまわりの方たちのおかげで、いいほうに考えることができています。

これからの望みは、良い薬ができてこの病気が治ったらもういちど働きたい。どんな仕事ができるかわかりません。どんな仕事でもいい。今度は私が働いて、奥さん〔妻〕を楽にしてあげたい。そして今まで苦労かけた分、お返しをしたい。」

時は二〇〇四年一〇月、場所は京都市・宝ヶ池の国際会議場。国際アルツハイマー病協会の国際会議・全体会の場でした。

これを聞いたメインホールいっぱいの参加者は、衝撃を受けて泣きました。

なぜ衝撃か。それは、つい今しがたまで、認知症の人は自分の思いを語れないと思っていたのに、こんなにはっきりと述べられたそのこと自体の衝撃でした。

しかしそれ以上に衝撃だったのは、語られた内容だったのです。

「くやしい。不安」。えっ、認知症の人もくやしさを感じているのだ。先行きに不安を持っているのだ。

「もういちど働きたい。どんな仕事でもいい」。えっ、それでも働きたいのだ。社会の中で生きたいのだ。閉じこもってしまいたくないのだ。

「妻を楽にしてあげたい。お返しをしたい」。えっ、申し訳ないと思っているのだ。家族を愛しているのだ。

目からうろこ、どころの話ではありません。家族もつらい思いをしていたけれど、本人が一番つらい思いをしているんじゃないか。そんな本人の気持ちに触れ、日本人も外国人もみんな泣いたのです。

何も分からない、何もできないと思われていた認知症の人が、自らの思いを語ったことは、――たった一人の例ではあるものの、他の人びとへの見方をも揺さぶるものとなり――それ以降の認知症問題を大きく前進させることになりました。これが認知症新時代の象徴となる出来事でした。

「痴呆」から「認知症」へ

国際会議で認知症の本人が思いを語ったその年の一二月二四日、まるでクリスマスプレゼントのように、厚生労働省はそれまで法律、行政用語として使ってきた「痴呆」という言葉を「認知症」に改めるという通知を全国に発しました。

その理由は、「痴呆という言葉には侮蔑的要素がある」というものでした。

「今ごろになって分かったのか！」というのが私の率直な気持ちでした。だから私たちは、「家族の会」を結成したときに、「痴呆性老人をかかえる家族の会」とせずに、「呆け老人をかかえる家族の会」としたのです。

その時代には、「痴呆が正しい用語」、「呆けは差別用語」とされていたのですが、それにしても、「痴呆」はあまりにもひどい。「痴」も「呆」もアホ、馬鹿という意味であり、いかにも廃人になったような言葉です。「呆け」は、ぼける、呆《ほう》けるとして日常用語として使われています。この方がよほど人間臭さがあると思ったものです。

しかし、「呆け老人をかかえる家族の会」の名称は、当時ずいぶん社会の抵抗を受けました。まず新聞やテレビは、固有名詞であるのにそのままの名称で報じてくれません。行政も、保健所の介護者教室などに呼ばれて行っても、紹介は「痴呆性老人をかかえる家族の会代表の高見さんです」と言います。

それがやっと二四年経って、厚労省も「痴呆という言葉には侮蔑的要素がある」と認めたのです。私が、「今ごろになって分かったのか！」と思うのは当然のことでしょう。

それではどうして「痴呆」という言葉は正しくないと思われたのでしょうか。

それは、認知症の人は何も分からない、何もできない人、というわけではないと分かったからなのです。

私たち家族は日常の介護の中からそのことに気づき、すでに一九九七年に「ぼけても心は生きている」と言い始めました。わが国の中でも、認知症の人の言葉に耳を傾けたり、作文などを書いてもらう取り組みをする専門職が出始めました。また、世界の中でも思いを語る認知症の人が現れてきました。オーストラリアのクリスティーン・ブライデンさんは日本でも有名になりました。

そして極め付きは、先にも述べた、二〇〇四年の国際会議での出来事です。

ここまでくれば、「痴呆」と呼ぶことが間違っていることは誰の目にも明らかです。

こうして「認知症」という言葉が誕生したのです。このことも、認知症新時代の象徴です。

それにしても、三〇年前に、私を「痴呆性老人をかかえる家族の会の高見さん」と紹介してくれたマスコミや行政の人たちは、いまどう思っているだろう、とちょっと意地悪に考えたりします。

本人の思いに寄り添って

三〇年前に私たちが「家族の会」をつくろうと思ったのは、日々の介護があまりにもつらかったからです。「この人を殺して、自分も死んでしまおうか」と考える人もいるほどでした。でも、実際にはなかなかそうはできません。

それで、仲間をつくって励ましあい助けあって介護を続けよう、というのが「家族の会」の始まりでした。

それとともに、この苦しさから脱するためには社会的対策(行政施策)を進めてもらうことが必要だと考えて、何度も国や自治体に要望活動を行ってきました。

初めて国(厚生大臣)に要望書を持参したのは一九八二年の八月でした。

その時の要望内容でもっとも切実なものは、①定期的な訪問援助の実施、②短期入所制度の確立、③ぼけ老人にも通所サービスを、④特養ホームへの長期入所、です。①②③は、いまの言葉で言うと、ホームヘルパー、ショートステイ、デイサービスということになります。

この要望は要するに、短時間でもいいから認知症の人と離れられる時間をつくってほしい、というものです。三六五日、二四時間、心も体も休まらない介護を続けていた私たちは、とにかく自分の時間がほしかったのです。ヘルパーさんが来てくれれば、その時間だけでも休むことができる。デイサービスがあれば、買い物や美容院にも行くことができる。ショートステイがあれば、ぐっすり眠ることができる。長期入所がかなえば、普通の暮らしに戻ることができる……。

しかし、これらの要望は認知症の人本人の気持ちを考えたものではありませんでした。家族の側からの要望だったのです。

それが今日では、私たちも、家族だけでなく本人も社会の主人公であるべきだと考えるようになっていますし、すべての施策は本人のためにこそあるべきだと主張しています。また、ケアのあり方も、本人の思いに沿って進められるべきだと考えられるようになってきています。

このような、認知症の人への接し方の変化も、認知症新時代の象徴なのです。

世界で高まる関心

認知症の中で最も多い病気がアルツハイマー病です。この病気は、一九〇六年にドイツの精神医学者アロイス・アルツハイマーが初めて学会で発表したものですが、一般にはその後も長い間あまり知られませんでした。

しかし、世界各地で徐々に患者が増え、家族の苦労が社会的に顕著になってきたのが一九八〇年ころで、そのころには日本でも、この病名が知られるようになっていました。

私たち日本の「家族の会」が誕生した一九八〇年前後に、世界でもアルツハイマー病協会が生まれ始めていました。世界最初の協会はカナダで一八七七年に誕生していてこれはずいぶん古いのですが、その後、一九七九年にイギリスで、日本と同じ八〇年にアメリカで、八四年にアイルランド、オランダで、八五年にイタリア、南アフリカで、八六年にニュージーランドでという風に、世界の国で認知症への関心が高まり始めたのが八〇年ころからでした。

私たちが「家族の会」を結成したとき、世界でも同じような動きが始まっていることはまったく知りませんでしたが、人間の歴史というものは国や人種が違っても似たような経過をたどるものだということを、ずっと後になって知りました。ただし、日本のように介護家族が中心になっている組織は少なく、多くの国では、医師や介護職、研究者などが主体になっています。

各国で誕生した協会は、一九八四年に国際アルツハイマー病協会（ADI）を結成し、翌年の八五年から各国の交流や研究発表を行う国際会議の開催を始めました。先に述べた京都での国際会議は、その二〇回目のものであったのです。そして面白いことには、八五年は日本の「家族の会」が、各地での先進的・良心的な取り組みの経験を交流して本人と家族への支援を進めようと考えて「ぼけ老人と家族への援助を進める全国研究集会」を始めた年でもあったのです。

このように、一九八〇年代には世界の数カ国と日本だけであったこの流れは、今日では世界七四の国と地域がADIに加盟するところまで来ており、世界中で認知症問題への関心が高まっています。九月二一日は世界共通のアルツハイマーデーと定められて、各国で理解と関心を呼びかけ、対策が進むための取り組みが展開されています。

このように、世界中で関心が高まってきたことも、認知症新時代の象徴なのです。

さて、このようにして認知症新時代がやってきたのですが、この時代を招き寄せるまでには、長い歴史があったのです。次章から私の介護体験を通して、ここに至る家族の歩みを見てみましょう。

第一章　つながってきた家族の歩み

（1）私の介護体験

母の異変

先に述べたように、私は四歳一〇カ月の時に福井大地震にあい、京都の西陣に住む伯母（父の姉）夫妻に引き取られて育てられました。私は五歳、伯母は五二歳、義理の伯父は五五歳――。一九四八年のことです。

伯母夫妻（その後、養子縁組をして養父母となる。したがって、ここからは伯母夫妻のことを両親、父、母と記す）には娘が一人いたのですが、すでにアメリカ人と結婚して横浜に住んでいたので、私は事実上の一人っ子として育てられたのです。

両親は、京都の西陣織の一工程である〝糸繰り〟の仕事をしていました。糸繰りとは、染め上がった糸を、織物のタテ糸やヨコ糸として使えるように、切れた箇所をつないだりもつれている部分をほどいたりして糸枠に巻き取ってゆく作業です。自宅にゼンマイと呼ばれる糸繰り機を二台置き、朝から夜遅くまで立ちっぱなしの仕事でしたが、決して良い収入になる仕事ではなかったと思います。

それでも、二人は私のことを「ボク、ボク」と呼んで、とてもかわいがってくれました。とくに母は、並大抵のかわいがりようではなかったと思います。

そうして私は地元の公立小学校、中学校、高校を卒業して、京都府庁に就職しました。京都府庁で働いている二八歳のころから、母の認知症が始まったように思います。「思います」とあいまいなことを言うのは、当時は多少のもの忘れが始まっても医者に行くような時代ではなく、したがって認知症と診断を受けることもなかったので、よく分からないのです。

最初に母の異変に気づいてくれたのは、近所の人たちでした。「風呂おけやタオルを持って銭湯に行く格好をしているのに、銭湯とは反対の方角に歩いて行かれましたよ」と教えてくれたり、「新しくできたマンションを指さして『あの病院へ行きます』と言っておられましたよ」と教えてくれました。

しかしそんな話を聞いても、私は、それがこれから八年間にわたる介護の始まりとは思いもしませんでした。当時、母は七五歳くらいでしたから、「ああ、お母ちゃんも年をとってきたなあ。しょうがないなあ」と思っただけでした。

今なら、この段階で病院へ連れて行ったでしょう。それは社会的に認知症への関心が高まっていて、家族の側にもある程度の知識があるからです。

しかし当時は、医者へ行くときというのは、頭が痛いとかお腹が痛いとか体のどこかに異常があるときだと思っていましたから、道に迷ったくらいでは、とてもそんな発想にはなりませんでした。もっとも、もし当時、病院に連れて行ったとしても、医者は今日のような対応はしてくれなかったでしょう。現にそれから数年後に母の失禁で困り果てて連れて行った病院で、「髙見さん、これは治りません。したがってお家《うち》で看てあげるしかないでしょう」と医者は見放したのですから。

そんな時代でしたから、困ったものだと思いながらもどうしようもないことと思って暮らしていたのですが、そのうちに次々と大変なことが起こっていきました。

失禁と奇行

記憶を保っていられる時間が次第に短くなっていったのです。昨日のことを覚えていないなと思っているうちに、その日のことを覚えていないようになり、やがて、今すませたばかりの食事も、まだ食卓の上に食器が並んでいるのに「ご飯まだか?」と言うまでになってしまいました。

いちばん困った失禁は、二、三年目くらいから始まりました。朝起きてみると、時々廊下に大便が点々と落ちていて、スリッパで踏みつけられています。トイレの中も同様です。トイレへ行く前か帰りかにこぼして、踏んで歩いた感じです。とにかく大人だけの家族で、家の中に大便が落ちているなどということは信じられないできごとでした。

しかし、そのころは母の認知症もそんなに進んでいたわけでなく、私たち夫婦も認知症については全く無知でしたから、母が認知症に突入しているとは気づいていませんでした。大便の〝犯人〟も、父なのか母なのか分かりませんでした。

父に聞けば「わしはしていない」と言うし、母に聞いても「私は知らない」と言います。母は根っから人のよい、町内でも人気者、働き者で、私もどちらかといえば母びいきでしたから、母がそんなことをするとは思えず、なんとなく父ではないかと思っていたくらいでした。

そのうち、朝起きると母の着物が濡れているようになって、やっと大便も母だと気づきました。やがて、朝かならず着物と布団が濡れていることが〝日課〟になっていきました。大便ペタペタの回数も増えていきました。

次第に母の〝奇行〟がいろいろ現れ始めました。たとえば、なんでも自分の部屋に取り込んでしまうのです。

スプーン、箸、栓抜きなどは日常のこと。洗濯物やトイレットペーパーなどもどんどん持ち込み、タンスに入れていきます。また、夏の暑い時期に着物を何枚も重ねて着て、タオルや風呂敷を首に巻いたりもします。そして、着物を、両横をほどいてヒラヒラにしてしまうのです。

枕もほどいて、中のモミガラを出してしまいます。籐《とう》の枕にしてみましたが、何日かたつと、これも籐をほどいて骨組みだけにしてしまうという状態でした。しかしモミガラが部屋中にばらまかれるよりはいいので、籐の枕を買いだめしておいたものでした。

奇行はまだあります。台所の砂糖を食べてしまう、醬油を飲む、磨き砂をやかんに入れて沸かす、やかんや鍋がトイレに置いてある、そうかと思うと逆にトイレのスリッパが流しに置いてある――などということも頻繁に起こりました。

共働きの私たち夫婦の朝は、まず家じゅうの点検に始まり、大便ペタペタの場合は後始末をし、素直に脱がない母を相手に一苦労しながら着替えをさせ、洗濯機に汚れものを放り込んでから出勤、というあわただしい毎日でした。

三つの道

母の失禁と奇行に悩みながらもなんとか毎日を過ごしていたのですが、そんなある日、「これは本当に困った」と思うできごとが起こりました。一九七九年五月のことでした。昼間母を看てくれていた父が突然、脳溢血で倒れ、運び込まれた救急病院で回復の見込みはないと言われたのです。

父は高齢で体も弱っていたため、自分のことをするのが精いっぱいでした。母の世話はほとんどできず、実際の世話は私たちが帰宅後していたのですが、それでも昼のあいだ母とともにいてくれるので、私たちは勤務を続けていられたのです。

そして何よりも、父がいるだけで、母のことについて私たちはワンクッション置いたところにいられる気持ちがし、ありがたかったものです。それが、父の回復の見込みがないとなって、父の看病とともに母の介護も直接私たちの肩にのしかかってきました。

当時、わが家の家族構成は、父母と私たち夫婦、それにその年一月に生まれたばかりの四カ月の長女です。長女は保育所に預けていましたから、私たちが勤めに出ると母は一人ぼっちになってしまいます。そのころの母は、とても一人では置いておけない状態でした。どうすればよいのか、急いで解決しなければならない危機に直面しました。

今なら、介護保険を利用して、デイサービスやホームヘルパーの支援が考えられますが、当時はそのようなものはありません。そんな状況で、解決の道は三通り考えられました。第一は私たち夫婦のどちらかが勤めを辞めること、第二はいわゆる「老人病院」に入れること、第三は昼間だけ母を看てくれる人を探すことでした。

考えた結果、第三の道を選びました。働きながら子どもも育てようと夫婦ともに考えていたのですから、第一の道をとる結論にはなりませんでした。また、当時の「老人病院」は平気で縛る、部屋に閉じ込める、暴れる人は注射でおとなしくさせるところでしたから、不憫でそこへ入れる気にはなれませんでした。

第三の道を選んだからといっても、心当たりの人があったわけではありません。とにかくこの急場をしのがなければならない、そう思う気持ちだけで急いで電話帳を繰って家政婦紹介所(今ではほとんど見かけなくなりましたが、病院の付き添いや家事援助の人を紹介してくれるところ)を探し、家からいちばん近いところへ電話してすぐ来てほしいと頼むようなありさまでした。いったい費用はいくらくらいかかるのだろうという不安が心をよぎりましたが、退職せずに病院へも入れずにやっていくにはこれしかないと、割り切らざるを得ませんでした。

Fさんという家政婦さんがわが家に来てくれたのは、父が倒れて四日目でした。その四日後、父は意識を回復しないまま亡くなりました。

その日から、私たち夫婦とFさんの二人三脚による母の介護が始まったのでした。

家政婦Fさん

私の家に来ることになったFさんは、家政婦としてのキャリアの長いベテランでした。とはいっても、これまでは病院での付き添いが主で、個人宅でしかも認知症の人の世話は初めてということでした。しかし私は、最初会ったときに「この人なら安心だ」と感じました。

正直言って、昼間は母と二人っきりで家にいてもらうのだから、信頼できる人でないと安心して勤めに出られません。どんな人が来てくれるのだろうと、一抹の不安を持っていました。ところがFさんは、家政婦さんというよりは親戚のおばさんが助けにきてくれたような印象の人で、妻と二人、胸をなでおろしたものでした。

それから丸二年、Fさんが病気になったり、Fさんの息子さんが病気になったりして、しばらく代わりの人が来てくれたこともありましたが、母が亡くなるまで休日以外は毎日、母の世話をしていただきました。このFさんの存在があったればこそ、私たち共働きの夫婦が、その間に誕生した次女も含め二児を育てながら母を最期まで看ることができたのです。

認知症の人の世話を家族以外の人にしてもらう場合、本人がどんな行動をするのか理解してもらわなければなりません。幸いなことに、わが家の場合は口で説明するより簡単にFさんに理解してもらえることになりました。

それは、父の通夜のときFさんが母を自分の家に連れ帰ってくれたからです。来てもらったばかりで母のことはほとんどわかっていないので大変だと、私は断ったのですが、「弔問客がみえたりして大変でしょうから、明日のお葬式の時間まで預かります」と連れて帰ってくれたのです。

案の定、Fさんは大変だったようです。日ごろの症状に加え、お風呂に入れたのはいいが湯船から上げるのに一苦労したり、いつの間にか仏壇のごはんを食べられたり……。

しかし、最初に母を一晩看てもらったおかげで、母の二四時間の状態が理解してもらえましたし、母に対して親近感を持ってもらえたようでした。もっとも母の方は最期まで、Fさんがいったい誰なのかわからないようでした。それればかりか、毎日来てもらっていることすらわかっていないようでした。それでも、母にとってもFさんはウマの合う人であったようです。

Fさんが来てくれるようになって、私たちは母の朝食を用意するだけで出勤できるようになりました。昼の間にFさんが母の着替えから洗濯、部屋の掃除、布団干し、昼食、入浴とやってくれるので、私たちの帰宅後の仕事も大幅に減り、夕食と夜の世話だけになりました。

育児にもだんだん手がかかるようになってきていたので、これは大助かりでした。なによりもありがたかったのは、勤務中に家のことを心配しなくてもよくなったことでした。

しかし、その状態もそう長い間は続きませんでした。

きりきり舞い

それは、母の認知症が進んでいくのと長女にかかる手間が増えてくるのとで、〝しんどさ〟が再び増してきたのです。

そのころの私たちの生活は、朝まず家の中の点検から始まり、食事をすませ長女を保育所に預けて出勤。Fさんが到着するまで三〇分ほどの間があるので、家の外のガスメーターに付いている元コックを閉め、母が外に出ないように玄関には外側からカギをかけておきました。夕方は、Ｆさんが朝の私たちと同じようにガスを切り、カギをかけて帰ります。その三〇分後くらいに私たちが帰宅するのです。

いつか検針にきたガス会社の人が、元コックが閉めてあるのを見て「これは家庭でさわってもらうところではありません」と言いましたが、素直にやめるわけにはいきません。安全の方が大事だと思って無視してきました。

帰宅するや保育所へ走り、長女と大きな洗濯物をかかえて帰ってきます。夜に母の着物を洗濯したり入浴させたりしなくてもよくなったのは大助かりなのですが、父がいなくなって母の相手をする者がいなくなったため、家の中を母がうろうろと動き回ります。長女を寝かせておいて、私たちが保育所から持ち帰った物の洗濯と食事の準備に追われていると、そこへ母が出てきて、並べてあるおかずに触ったり食べたりします。

食事のときも母が何にでも手を出すのと、長女の離乳食の世話とで、てんやわんやです。食事の前に母を必ずトイレに連れていっておくのですが、食事が終わると着物は濡れています。

食後の片づけ、洗濯物の取り入れ、長女の世話などで私たちがきりきり舞いしているときに、母がふらふらと出てきて「ご飯まだか?」などと言ったりしようものなら、私たちのイライラは最高潮に達します。そして、もう一度母の着物を着替えさせて私たちが眠るころには、とっくに日付が変わっていました。

そのうちに長女もハイハイからよちよちと歩き始め、床に落ちているものを何でも口に入れるようになってきました。私たちの家は小さな二階建てでした。母は一階、私たちは二階を寝室にしていましたから、一階はどの部屋も母が自由に動き回っています。どこに何が落ちているかわかりません。どこもあまり衛生的ではありません。生活の主体は一階ですから、そこで子どもを安心して遊ばせられないということは、とてもつらく不自由なことでした。

そんな生活をなんとか半年がんばりましたが、心身の疲労とこの先どうなるのだろうという不安とが重なり、もう限界だと思えてきました。

「家族のつどいに一度来ないか」

そんなとき、三宅貴夫医師(現・「家族の会」顧問)と出会いました。彼は、私の話をメモをとりながら聞いてくれて、「それじゃ、今夜お宅へ行きましょう」と言って、その夜、家へ来てくれました。かつて近くの病院で母を診てもらった際、「これは老化からくるものので治りません。お家でお世話してあげるしかありません」と言われて以来、医者とはそういうものだと思っていましたから、三宅先生のこの気軽さと親切さに驚きました。

先生は、母に気さくに話しかけ、名前や生年月日、出生地を聞いたり、品物の名前を尋ねたりしました。失禁でにおうのに、少しも嫌な顔をしません。私が深く感銘を受けたのは、母が皮をむいて差し出したミカンの一袋をなんのためらいもなく口に入れたことです。おそらく、「いまは結構です」と断るか、「ありがとう」と受け取っても、食べることはしないだろうと思っていました。なぜなら、私は食べられないからです。ところが、先生はごく普通に食べたのです。息子の私が気持ち悪がって食べられないのに、先生は食べた――それは、母に対する私の気持ちの持ち方を反省させられると同時に、三宅先生への信頼を抱かせるできごとでした。

先生は私たち夫婦の話を聞いてくれて、認知症の話や多くの家族の例、さらに老人病院の話などを聞かせてくれました。しかし、もっと自宅で介護を続けろとも、病院へ入れろとも言いませんでした。言われたことは、病院へ入れるなら事前に見学に行って家族が納得してから入れるようにということと、認知症の人をかかえた家族のつどいをしているから一度来ないか、ということだけでした。

考えてみれば、母になにをしてくれたわけでもありません。私たちになにをしてくれたわけでもありません。明日からの介護が変わるわけでもありません。

しかし、母を知ってくれました。私たちの苦しみを知ってくれました。私たち夫婦は、初めて認知症の人とその家族のことを本当に理解してくれる人に出会ったのです。しかも医師です。その安堵感はどんなに救いであったでしょう。

それから数日後、私は初めて「家族のつどい」に出席しました。

地獄の日々に光

一九七九年一一月、初めて出席した家族のつどいで、私は大きな衝撃を受けました。そこには二〇家族ほどが出席していました。その方たちが次々と述べる、認知症の人の状態と介護している家族の心情、苦労……。ある人は涙を流しながら語り、ある人は「早く死んでほしい……」とまで語ります。

家族どうしだから言える言葉。私は本当に、きのうまでの世界が変わったように思いました。自分だけだと思っていた苦労が、そうではなかったのです。しかも、母以上に大変な状態の人をかかえて、なおかつがんばっている人がたくさんおられます。

他人には話しても理解してもらえないと思っていたのに、家族どうしならほんとうによく話が通じます。自分が話し忘れたと思うことでも、誰かがかならず話してくれます。ひとの話は、そっくり自分のことのようです。自分の話にうなずいてもらえ、ひとの話を自分のこととして涙を流す……。地獄の日々の中でひとときの安らぎを得た思いでした。

この家族のつどいはやがて家族どうしの自主的な組織へと発展し、翌一九八〇年一月に「呆け老人をかかえる家族の会」が誕生。私は、代表となりました。

家族のつどいに出席したことは、私にとって大きな転機となりました。もう限界だと弱気になっていたのに、介護への勇気を与えてくれたのです。多少のことではあたふたするまいと、心が据わりました。開き直った、と言った方が適当かも知れません。

そこでまず、母をかかえて生活していく態勢を整えることにしました。土間だったところを部屋に改装し、カギを付けて母に荒らされない「安全地帯」をつくりました。安心して長女を遊ばせたり、物を置いておけるところで、貴重な部屋となりました。

台所の流し台の前にはベニヤ板三枚を立てて、壁をつくりました。冷蔵庫のドアはひもでくくりつけ、食器棚は裏返しにし、押入れには南京錠を取り付けました。

これで、夜中に母がうろうろしても大丈夫ですが、私たちの生活は不便この上ないものになりました。水を一杯飲むのにも裏返しの食器棚からコップを取り出し、流しの前のベニヤ板をはずして……となるのですから。

私は、これをひそかに「サファリ方式」と名づけていました。なんとなく、あの動物が自由で人間が車の中という、サファリパークに似ているような気がしたからです。

態勢を整えて「やれるところまでがんばろう、行けるところまで行こう」と心を決めました。「最後まで家で看よう」とは決めませんでした。いつまで続くかわからない介護を、「最後まで」と決めると、それだけで精神的に疲れると思ったからです。

私たちの力の限界が先か、母のゴールが先か、それは分かりません。しかし、願わくば、私たちの力の限界より母のゴールが先であってほしいと思っていました。

こうしてまた、新たな気持ちで母の介護が始まったのでした。

いらだちと不安と

しかし、その後、母が亡くなるまでの一年半の生活が平穏に進んだわけではありません。日々の介護はやっぱりしんどく、いらだちややるせなさ、先行きの不安が交錯する毎日でした。

失禁に手を焼いて、オムツをしてみたこともあります。一日目は無事で、これは楽だと喜んだのですが、二日目から外してバラバラにしてしまい、断念しました。

ある夜、母は死んだように眠りこけ、呼んでも起きません。スワ一大事と、慌てて一一九番。サイレンを響かせて救急車が到着したときには、本人はケロリとしていました。「それでも一応は……」と救急隊の方に言われて乗り込んだのはいいのですが、「きれいな自動車やね」と救急車の中をウロウロ。救急隊の人に恥ずかしいやら申し訳ないやら。

またあるときは、唇がブーッと腫れあがっています。何事かと口を開けてみると、石鹸を食べているのです。洗面所の石鹸がやられたと、気づいた時は後の祭り。しかし、その後、本人の体にはなんの異常もありませんでした。

こんなエピソードは、言い出せばきりがありません。いまだから笑い話のようですが、世話をしているときはやりきれない気持ちになります。この先どうなるのだろう、いつまで続くのだろうという不安が、いつも付きまとっていました。ですから、先のことを考えないようにし、毎日、その日一日だけを乗り切るつもりでやってきました。

家政婦のFさんは、引き続き毎日来てくれていました。しかし、私たちとFさんが顔を合わせるのは土曜日の午後だけです。その時が、お互い母についての〝情報交換会〟です。

一年以上もたつと、もうFさんが家族の一員のように思えてきます。Fさんも、夕食のおかずを作っておいてくれたりするようになって、いよいよ家政婦というよりは、〝親戚のおばさん〟的になってきました。

しかし、終盤のころになると、さすがのFさんにも疲れが見えるときがありました。毎日毎日、母と二人きりでいると、こちらの方がおかしくなってくる、と愚痴が出ることもありました。また、もし母に何かあったときの責任は、と心配されるようになりました。

しかし、Fさんに辞められたら私たちはお手上げです。Fさん以外には、もう母の世話ができる人はいないでしょう。私たちはFさんを励まし、何かあっても決してFさんの責任ではない、ここまできたら最後まで付き合ってください、と頼んだものです。

そのうちに、また大きな問題が起こりました。妻が妊娠したのです。出産、産後の時期を私一人で、二歳前の長女をかかえてどう乗り切るか。ついに母を「老人病院」に入れてしまわなければならないのか……最大のピンチに直面して、私たちは顔を見合わせました。

妻の出産を控えて

妻の出産と産後の時期をどう乗り切るか考えましたが、良い方法が浮かびません。子どもが二人になったら、母の介護はいっそう大変さを増すだろうとは思いましたが、まだ母を「老人病院」に入れてしまう気持ちにはなりません。認知症の老人を一時預かってくれる制度があれば……と思いました。

「困ったときの神頼み」ならぬ「三宅先生頼み」で、また三宅先生に相談しました。相談の結果、先生の紹介で京都府立洛南病院でしばらく母を預かってもらえることになりました。助かりました。地獄に仏、とはこのことだと思いました。

「とにかく一度連れてきてください」という洛南病院の先生のお話なので、妻といっしょに母を連れて行きました。京都市北区の自宅から宇治市内の洛南病院まで、電車やバスで行くとなると途中の失禁などが心配なので、タクシーで行くことにしました。

もしもの場合に備え、着替えやタオルなどを持ち、出発前は酔い止めの薬を飲ませ、車内では気を紛らわすように常時話しかけ、時々お尻に触ってみるなど、とにかく到着するまでの約一時間、緊張の連続でした。

洛南病院は小高い丘の上にあり、斜面の敷地に本館や病棟が分散しています。当時の建物は木造で、かなりひどく老朽化していました。私にとって、初めて足を踏み入れる精神病院ということもあって、緊張と不安が入り混じった気持ちでした。

担当の小澤勲先生に会い、病棟内も見せてもらいました。婦長さんはじめ病棟の看護婦さんたちにも会いました。

たくさんの老人がいました。食堂兼談話室でしばらく様子を見ていると、大声で歌っているおじいちゃんがいます。ぼんやりと座っているおばあちゃん。かと思うと、何やらしきりに怒っているおばあちゃんもいます。何回も何回も私に「今日は何日ですか」と尋ねに来るおじいちゃんもいます。

母はこの生活になじめるだろうか、ここで暮らすことができるだろうか、と不安になります。妻も同じ思いなのでしょう、複雑な顔つきで座っています。

「お母ちゃん、ここでしばらく暮らしてくれるか」と聞くと、母は「うん」と答えます。分かっているのかいないのか……、なにかかわいそうな気持ちが込み上げてきます。

しかし、預かってもらわないわけにはいきません。先生にお願いし、出産のためだからと特例的に二カ月間預かってもらえることになりました。入院に必要な持ち物や注意などを聞き、その日は三人で家に帰りました。

それから約一カ月後、妻の出産予定の二週間ほど前から、母は入院することになりました。妻は看護婦さんに、「こんなに新品ばかり持ってこなくていいのに」と言われたほど、寝間着や肌着を新品でそろえ、名前を書いた布を丁寧に縫いつけていました。

いよいよ一二月の初め、母は洛南病院に二カ月の予定で入院する日を迎えました。

それぞれの正月

母を洛南病院に預ける前日は、これでしばらくは楽になると思う気持ちよりも、母は大丈夫だろうか、やっていけるだろうかという心配の方が強く、気持ちが晴れません。認知症にさえならなかったら、なにも病院へ行かなくてもいいのにと、母が哀れでなりませんでした。

入院当日は、長女を保育所に預けたあと、妻は車は疲れるというので電車で、私と母はタクシーで洛南病院へ向かいました。病院では、看護婦さんたちがあたたかく迎えてくれました。母の病室は病棟へ入ってすぐ右の、とても日当たりのよい暖かい部屋でした。背の高いベッドに寝たきりのおばあさんと同室でした。

持ってきた荷物を置き、看護婦さんに母の〝くせ〟をいろいろ説明しました。看護婦さんは、「分かりました。どうかご心配なく」と言ってくれましたが、なかなか帰る気になりません。しばらく食堂にいました。

「赤ちゃんが生まれたら、また迎えに来るからね」と、何度も母に言いました。母はつらそうな表情も、さびしそうな様子も見せません。まったく平静です。それがかえって、分かって耐えてくれているように思えて、不憫でした。

いつまでそうしていても、きりがありません。昼食の時間になり、看護婦さんに「あとは、私たちがやりますから」と言われて帰ることにしました。

母に声をかけ、握手をし、食堂を出るとき涙が出そうになりました。突然その時、隣で妻がワーッと声をあげて泣きました。妻も同じ思いだったのです。

予定より五日ほど遅れましたが、暮れも押し詰まって、妻は無事に次女を出産しました。翌年の正月は、私と長女は自宅で、妻と次女は産院で、母は洛南病院でと、家族が三カ所に分かれての新年となりました。

母の入院中、私は時間を見つけては、できるだけ面会に行きました。ある時、小澤先生に、「お母さんはぼけ(当時は認知症という言葉はなかった)の症状が全部ありますから、家庭での世話は大変でしょう。しかし、大変素直なぼけようで、よく看ておられるのが分かります。私たちも、あなた方の介護を見習わないといかんと話し合っています」と言っていただきました。決してそんなことはなく、母の人間性によるものだと思いますし、またお世辞半分だとも思いましたが、うれしい励ましでした。

正月過ぎに行った時には、食堂の壁に老人たちの書き初めが貼ってありました。母は、「はつはる」と書いていました。それを見て驚きました。とても、ぼけた者が書いたとは信じられないほど、まともで達筆でした。思わず、「本当に母が書いたのですか」と尋ねたほどです。

あんなにぼけた母にも、こんなにまともな部分が残っていたのかと、胸が熱くなりました。

病院の生活

洛南病院では、クリスマスパーティーもやってもらっていました。お菓子やジュースをもらい、老人たちが楽しそうに歌ったり踊ったりしている写真を見せてもらいました。先生や看護婦さんたちも歌っています。

書き初めといいクリスマスパーティーといい、家庭の介護ではとてもそこまでやれる余裕はありません。病院ではこのあと、節分やひな祭り、七夕やお盆、月見など、いろいろと季節の行事が行われるのでしょう。

老人にとって、生活に変化があり楽しいことでしょう。

どちらが幸せなんだろうと思いました。二四時間の世話と先行きの不安で心身ともに疲れた家族による介護と、それを職業とするプロの人たちによる介護と、老人にとってどちらがよいのだろうか——私にとって新しい疑問でした。

老人を金儲けの対象としてしか見ないような病院や施設は論外ですが、老人を大切に考える方針を持ち、そのことに情熱を燃やす職員がいる病院や施設なら、決して家庭での介護に引けを取らないし、むしろ、もっと素晴らしい介護ができる可能性があるのではないか、と思いました。

ところで、母は私が見舞いに行っても、さして喜ぶわけではありません。帰るときも、さびしそうにするわけではありません。かといって、病院生活を喜んでいるふうでもありません。ほとんど反応がなく、ひとりぽつんとしている感じです。

家では嫌がって外してしまったオムツも、外さなくなっています。看護婦さんが何人がかりかで着けたそうですが、おそらく根比べだったのでしょう。母の方があきらめたようです。これは、退院後私たちが介護するにはありがたかったのですが、やはりオムツを着けるというのは介護側の都合によるものだなと思いました。

ともあれ、母が入院していた二カ月あまりは、楽ではありましたが、落ち着かない期間でもありました。その期間も終わり、いよいよ二月中旬、退院日がやってきました。

しばらく休んでもらっていた家政婦のFさんにも、その日から来てもらい、私と二人で母を引き取りに行きました。やっと連れて帰ってやれると喜ぶ一方、明日からを思うと、またあの生活が……と気が沈みます。片足は軽く片足は重い、というのが正直な気持ちでした。

「困ったら、またいつでも相談してください」と、小澤先生も婦長さんも言ってくれました。この人たちだからこそ安心して預けられたのだ、と思いました。しかし、今度預けることがあったら、その時は私たちが完全に手を離すときだろうと思いました。

こうして再び自宅で、母の最後の介護が始まったのでした。

末期のすさまじさ

母がいない間は、家の中では開放的な生活を送っていました。母が帰ってきて、再び部屋に鍵をつけ流しに壁を立てる、以前のような生活が始まってみると、以前にも増して不便さを感じましたが、それもしばらくするうちにまた慣れてきました。

母は入院中にオムツを外さなくなっていたので、家では夜だけオムツを着けることにしました。昼は家政婦のFさんに、時間を見計らって用を足させてもらうことにしました。ただ、トイレまで連れて行くのが大変なので、ポータブルトイレを使い、部屋でするようにしました。

寝る前に母をトイレに腰かけさせ、オムツを着ける作業が私たちの新しい日課として加わりました。おかしなもので、ポータブルトイレに腰かけた母が、うまく小便、大便をしてくれると「出た、出た」とうれしくなります。

それは、子どもをオマルに座らせてうまくいったときと同じ気持ちです。オムツは紙オムツと布オムツを重ね合わせて使いました。子どものようにおとなしく寝てはくれませんので、立たせたままで妻と二人がかりで着けました。二人ともかなり疲れ、眠くなっている時間のことなので、いつもイライラしながらの作業でした。でも、これで、朝に布団が濡れるのを少なくできました。

二人の子どもの世話と母の介護はなかなか大変でしたが、それでもそれなりに新しい生活を続けていました。

ところが、そのうち母の様子が目に見えて衰えてきました。これまで、いくらでも食べていたのに、あまり食べなくなりました。夕食を残したりします。固形物が食べられなくなってきました。パンが飲み込めず口いっぱいに詰め込んで、目を白黒させることも起こりました。

箸が使えなくなり、うどんやおかゆ状のものをスプーンで食べるようになり、やがてそれもままならず、手づかみで食べるようになってしまいました。言葉も次第に分からなくなってきました。そして、顔から表情がなくなっていきました。

このような母の衰退ぶりを、なすすべもなくただ眺めるだけでした。徐々に人間らしさをなくしていくような母を見ていることは、はがゆく、とてもつらいことでした。確実にゴールが近づいているのでしょう。人間の最期のすさまじさに息が詰まる思いでした。

ああ、終わった

一九八一年四月下旬のある雨の朝、いつものように私は様子を見るため母の部屋をのぞきました。母は、亡くなっていました。布団の上に寝たままの姿でした。

このところ急激に衰えてきてはいましたが、まだ一年くらいは続くのだろうと思っていました。前夜も特別変わった様子はなかったので、不意を突かれたような気持ちで一瞬信じられず、「あれっ」と思い、続いて、「ああ、終わった――」と思いました。

認知症の症状が出始めてから八年。長かった介護の終局にしては、あまりにもあっけない幕切れでした。認知症の人が最期に「ありがとう」と言って息を引き取った、という話をいくつか聞いていたので、わが家でもそんな劇的な幕切れを想像していたのですが、「ありがとう」どころか「さようなら」も言わず、母は一人で逝ってしまいました。

通夜や葬儀を通じて、涙あふれるような激しい感情の高ぶりはありませんでした。しかし、一生を働き通し苦労を続け、晩年は認知症を患い、そして最期は独りで息を引き取った母の人生を思うと、一過性でない静かな深い哀しみが胸に広がりました。

以上の介護体験は、母の死後、二年目を迎えようとする頃、地元紙の「京都新聞」に書かせてもらったものの一部に手を加えたものです。もう三〇年も前の話ですが、認知症の人の症状と家族の気持ちは、いま介護しているみなさんにも共通するだろうと思います。ただ、今日の状況と決定的に違うのは、社会的な対策の有無です。私の介護体験に行政との接触や社会的サービスのことが出てこないのは、私が利用しなかったからではなく、そもそも何もなかったからなのです。府立の洛南病院に母を入院させたことはありますが、これは個人的に頼み込んでのことで、ショートステイなどの制度利用ではありません。

なお、洛南病院でお世話になった小澤勲先生は、その後同病院を退職し、老人保健施設長を長く務めた後、種智院大学で教鞭をとり、二〇〇八年一一月一九日、七〇歳で亡くなられました。認知症の人たちとの長年の関わりから著された晩年の著書、『痴呆を生きるということ』『認知症とは何か』(いずれも岩波新書)は、大きな評判になりました。『認知症とは何か』の発行に当たっては、先生に依頼されて私が帯に推薦の言葉を書かせてもらいました。ゲラ刷りを読ませてもらっての感想を、「人がいとおしくなる　介護への勇気がわく」と表しました。

（２）「家族の会」が生まれて

「はめられて」代表に

初めて家族のつどいに出席して衝撃を受けた私は、家族どうしが集まって話をすることがいかに大切であるかを知りました。集まって話をしたって、事態は何も変わらないのですが、もう少しがんばってみようという勇気がわきます。

そのころのつどいは、医師やボランティアの人たちに呼びかけられて集まっていたのですが、それでは家族は〝お客さん〟です。しかし介護は家族自身のことなのですから、いつまでもお客さんではなく、家族自身の組織が必要ではないかと思いました。

しかし、私がその組織の代表になろう、などとは思いません。私以外の誰かがやればいい、と思っていました。

「家族の会を作る相談をしたい」と早川一光《かずてる》、三宅貴夫医師たちに呼び出されたときも、そんな気持ちで出かけました。病院の会議室に一〇人ほどの人がいましたが、顔見知りの人は三〜四人です。話はなぜか私に向かって進められます。なぜなんだろうと思いながらも、「家族の会」をつくることについて髙見さんはどう思いますか?と尋ねられて、「もちろん、そうすべきだと思います」と答えました。「家族の会だから、代表は家族がなるべきですね」と尋ねられたときにも、「そう思います」と答えました。すると、「では髙見さん、代表を引き受けてください」と来ました。

「えっ、なんでそうなるの?」と思ったときに初めて気づきました。その場に集まっていたのは、病院関係者や京都新聞社会福祉事業団、社会福祉協議会の人とボランティアの人たちで、認知症の人の家族は私一人だったのです。別に悪意を感じたわけではありませんが、まあ言ってみれば「はめられた」のです。

しかし、「家族の会」は必要だと思っていましたし、二〇家族ほどの小さな組織だし、これも行きがかりだから仕方がないかと観念して代表を引き受けたのです。

まさかこれが全国組織として発展して、今日まで三〇年も代表を続けることになろうとは夢にも思っていませんでした。

立ち上がった家族

「家族の会」は一九八〇年一月二〇日に京都・岡崎にあった京都大学の関連施設の一室

で「結成総会」を行いました。京都の二〇家族ほどの組織をつくるつもりだったのですが、新聞がそのことを報じてくれたので、九州から関東から、と合計九〇人もの人が集まりました。

結成総会と大げさな表現をしても小さな組織のつもりでしたから、内容は簡単な会則と役員を決めるだけ。あとはいつものような話し合いを予定していました。ところが、この話し合いが涙、涙になったのです。京都以外から集まった人にとっては、家族のつどいは初めての経験です。みんなが泣きながら体験を語りました。

このことは私にとっても驚きでした。それまで私の頭の中には、京都のつどいで会っていた家族のことしかなかったのですが、そうだ、介護家族は全国にいるのだ、と気づいた驚きです。こんな当たり前のことになぜ気づかなかったのか、不思議でした。

京都以外の人たちは、私がかつて初めて家族のつどいに出席して衝撃を受けたのと同じように、仲間がいることを知り勇気をわかせたのです。そして、それぞれの地でつどいを開こう、「家族の会」をつくろうと決意をしあいました。

それまで一人ぼっちで介護に苦闘していた家族が立ち上がった瞬間でした。

しかし、なぜ一九八〇年一月に家族は立ち上がったのでしょうか。

実はずっとそれ以前から、認知症の人の介護に苦労している家族はいたのです。すでに一九七二年には、そのことを題材にした『恍惚の人』（有吉佐和子作）という本が出版されています。立花家の嫁の昭子が、舅の介護で苦労をする小説です。小説になるくらいですから、当時もかなりの数の介護家族はいたのでしょうが、その苦労や不満は家庭の中で納まっていて、まだ立ち上がるまでには至りませんでした。

それが一九八〇年になって「家族の会」結成という形で立ち上がったのは、介護家族が増えたからだろうと思います。わが国の高齢化率（六五歳以上の人の比率）は、戦後、徐々に高まってきましたが、七〇年には七・一パーセントだったものが、八〇年には九・一パーセントになり、それまでの倍のスピードになっています。ちょうどそのころから認知症の人も増えたのでしょう。

励ましあい助けあい

家族どうしの励ましあい助けあいは、認知症の人を介護する家族にとって、もっとも必要で大切なことです。

それは、社会の理解がなく行政の対策が皆無であった時代にあっても、社会に一定の理解が進み介護保険などの制度ができた今日の時代にあっても、同じことです。

なぜかというと、家族の誰かが認知症になり、もの忘れが起こりいろいろなことができなくなっていく様子を眺めているつらさは、いつの時代も変わらないからです。

「なぜ？」「どうして？」と思うことが次々と起こります。「わが家だけにこんなことが起こっている」「自分だけがつらい思いをしている」と考えてしまいます。

そんなとき、ほかの家族の様子を知ることは、それらがわが家だけで起きているのではないことを知り、つらいのが自分だけでないことを知ることになります。「がんばりましょう」などと言い合わなくても、相手の様子から励まされ、自分の様子に相手も励まされるのです。

家族どうしの交流は、そのこと自体が励ましあい助けあいであり、介護を続けるためのもっとも基本になることなのです。

家族どうしの交流のもっとも基本的なものは、家族が集まることです。その集まりが、いつ、どこであるのか分からない、という人は、地元新聞の福祉のページなどを見てください。小さな記事ですが、いろいろな催し物を紹介する欄があります。その中に、「認知症介護者のつどい」などがあるはずです。そこへ行けば交流ができます。

インターネットを通じての交流という方法もあるでしょうが、やはり、顔を合わせて、感情を直接かわしあえるつどいがいちばんです。初めて顔を合わせる者どうしでも、すぐに打ち解けます。まずは足を運んでみてください。

社会への訴え

励ましあい助けあいとともに、介護を続けるためにもうひとつ大切なことが社会への訴えです。

それは介護を続けるためには、家族が住んでいる隣近所、地域、社会の人たちに認知症のことと家族の苦労について知ってもらうことが必要だからです。たとえば、地域の人たちの理解があれば「徘徊」も未然に防げる場合がありますし、家族への協力が得られたりもします。また、社会の人たちも将来に備えての知識を身につけることができます。

そのためには、日々の介護でどんなことがつらいのか、どんなことに苦労をしているのかを伝えなければなりません。多くの家族が体験を語ったり、体験記を書いているのはそのためです。ときには親戚から「家の恥をさらすな」と苦情を言われることもありますが、それでも、知ってもらわなければ理解は広まらないと考えて勇気を出して語ってきました。

また、「家族の会」では、世界アルツハイマーデー（九月二一日）に全国でリーフレットを配布したり、講演会などを開いて理解を進める活動を行っています。

社会に訴えるためには、自分の家族に認知症の人がいることを明かさなければなりません。最初、このことに躊躇される方も少なくありません。「私の夫は認知症です」とか、「僕の母親は認知症です」と表明することを恥ずかしく思ったり、夫や母に申し訳ないと感じたりされるのです。しかし、あとになってみなさんが、取り越し苦労であったと言われます。それは、明らかにすれば家族の気持ちが軽くなり、周りの人が協力してくれるようになり、その結果、認知症の人との外出などもしやすくなるからです。

広がる仲間の輪

介護家族が集会などで体験を語ることは、認知症のことや介護のことを知らない人々に関心と理解を広げることになりますが、それだけでなく、いま介護している人たちに同じ苦労をしている仲間がいることを知らせることにもなります。

「家族の会」の街頭行動でリーフレットを受け取った介護家族も、仲間の存在を知ります。

受け取った資料やリーフレットを頼りにして、「家族の会」の本部や支部に連絡をとり仲間の輪に加わります。そうして家族の輪は広がっていくのです。

三〇年前に京都でわずか九〇人が集まって始めた「家族の会」は、こうして四六の都道府県に支部があり一万人を超す会員を擁する組織へと発展してきたのです。

仲間の輪が広がることは、一人だけで、あるいはその家族だけで苦労をしている家族を減らすことになります。介護の最悪の結末である、介護殺人や介護心中に至る大きな要因の一つが、家族の孤立です。家族が周りに助けを求めず、周りからも支援の手が届いていないときに、最悪の結末を迎えます。

仲間の輪を広げることは、介護殺人や介護心中をなくすことにつながります。「家族の会」だけでなく、いろいろな家族会が地域に無数にできることが何よりも大切なことです。いま、認知症の人は二〇〇万人以上と見込まれていますから、もっともっと仲間の輪は広げなければなりません。

行政への要望

社会に訴えながら仲間の輪を広げてきていますが、介護の苦労を実際に軽減するためには、社会的サービス、つまり行政による施策が進まなければなりません。そのために、国や自治体に対する要望は欠かせません。

国や自治体というのは、国民や住民の暮らしを守る組織ですから、そこで働いている人たちは当然そのような思いを持って仕事をしています。しかし、国民のすべての状態を把握しているわけではありません。ですから、私たちの困っていることを伝えて対策をとってもらうように要望することは、必要で大切なことなのです。

しかも、認知症の人は三〇年後には三八〇万人になると推計されている（厚生労働省「高齢者介護研究会報告書 二〇一五年の高齢者介護」）のですから、私たちの要望は将来の多くの国民のためでもあるはずです。決して自分だけが良ければよいというものではありません。

そもそも、行政の施策は要望したからといってすぐに実現するものではありません。なぜなら、行政が何かをするときには、制度の仕組みを決める法律や条例を考え、予算を立て、議会での承認を必要とするからです。その意味では行政への要望は、自分のためというより、将来の人々のためといってもいいでしょう。

第二章　家族たちの合言葉

日本の介護家族がつながりを持ってから三〇年。この間に家族たちは、自分たちが安心して介護ができるように、また認知症の人を理解するために、数々の合言葉を生み出してきました。これらの言葉は、行く手を照らす明かりであったり、自分自身を励ます心の支えであったりしました。いくつかの合言葉を紹介しましょう。

《ぼけても安心して暮らせる社会を》

これは認知症の人にも家族にも共通するもっとも基本的な合言葉です。認知症になったとしても、介護する立場になったとしても、どちらもが安心して暮らせる社会になってほしいという願いを込めた言葉です。

この言葉を生み出したのは一九九二年。「家族の会」ができて一〇年余り経過したころから、私たち家族の願いや考えていることを社会の人たちに伝えたいと思って、考え出しました。当時はまだ「認知症」という言葉がなかったから、「ぼけても」なのです。(そのころの法律用語、行政用語は「痴呆」だったのですが、家族から見ると痴呆はあまりにも冷たく馬鹿にしたような言葉だったので、私たちは「ぼけ」という言葉を使っていました。)

この合言葉、人間はだれしも認知症になる可能性がある、ということを前提にしています。「ぼけのない社会を」や「ぼけを予防しよう」ではないのです。

もちろん素人の家族ですから、認知症が予防できるものかどうか、あるいはいったん認知症になっても回復できるものかどうか、それは分かりませんでした。しかし、多くの家族の経験から、認知症は老化とともに現われるものと思っていました。

人はかならず年をとる。その加齢とともに現われるものなら、認知症になっても安心して生きられる、暮らせる社会が必要ではないかと考えた言葉です。

したがってこの言葉は、これからの社会のあるべき姿を提案したものです。いま私たちは苦しんでいるが、この苦しみは私たちの時代だけで終わってほしい。これから認知症になる人や介護をする人たちの時代には、両者とも安心して暮らせる社会になってほしいという言葉なのです。将来、同じ立場を味わうであろう人たちにも思いを馳せた、介護する家族のやさしさを象徴する言葉だと思っています。

そして、少し補足的に説明すると、「ぼけても安心して暮らせる社会」というのは、実は、ぼけなかったらもっと安心して暮らせる社会のことです。さらに、認知症の人が安心して暮らせているのに、ほかの難病患者や障害者が塗炭の苦しみに喘いでいるという社会はあり得ないと思います。

私たちは認知症の人の家族ですから、「ぼけても安心して暮らせる社会」を求めていますが、この合言葉は、実は、すべての人が安心して暮らせる社会につながる目標だと思っています。

《ぼけても心は生きている》

かつては、認知症の人は、何もできない、何も分からない人、と思われていました。だから、「痴呆」などと呼ばれていたのです。

私も、母についてはそう思っていました。だいたい、私に向かって「どちらさん？」などと言うのですから、何も分からなくなったと思っても当然でした。

しかし、家族の介護の経験の中から、必ずしもそうではないのではないかと思えてきました。

「家族の会」では、二〇〇三年に「ぼけても心は生きているのではないか」と思える経験を家族から募りました。ある男性は次のように書いてきました。

「湯上がりの私（息子）は下着姿のまま部屋で横になり休んでいたら、いつの間にか眠ってしまった。しばらくして人の気配で目が覚め、そこに毛布を持った母が立っていた。『あぁ、こんなところに寝て、風邪でも引いたらどうするんじゃ』と言いながら、その毛布をかけてくれました。私は寝たふりをして聞いていましたが、この時ばかりは、涙があふれて止まりませんでした。」

別の女性は次のような様子を書いてきました。

「夕方になるといつも泣き出していた。なぜ悲しいのかと聞くと、『こんなにバカになってしまって……』という言葉が返ってきた。また、近所に一緒に出かけると、人が通りかかるたびに、もの陰に隠れようとしていた。『こんなバカになった姿を他人に見られたくない』、そんな言葉が返ってきた。」

私たちは、全国の家族のこのような体験から、認知症の人はもの忘れがひどくても家事ができなくなっていても、本人の心は決して何も分からなくなっているのではない、と気づきました。

認知症の人は知的な部分は欠落してきていますが、うれしいことや悲しいこと、楽しいことは分かっています。また、家族や他人を思いやる心も残っています。

ぼけても心は生きている――それは認知症という病気になっても、人間としての価値は少しもなくなってはいないということなのです。ぼけても心は生きている――そのことに気づいたときから、認知症の人に対する家族の見方が変わりました。ともに生きていく対象なのだ、と。

《百の家族があれば、百通りの介護がある》

認知症の人の介護は、認知症になった人が生きていくのを支えることです。人間は誰にでもそれぞれに個性があり、これまで生きてきた人生経験も違います。一口に「認知症の人」といっても、一人ひとりに個性があり、これまでの人生経験を持った人なのです。

また、介護する家族もさまざまです。夫を介護する者、妻を介護する者、実父母を介護する者、義父母を介護する者、兄弟・姉妹を介護する者、伯父・伯母を介護する者……。

家族の年齢や家族構成もさまざまです。若年介護もあれば、老老介護もあります。大勢で住んでいる家族なのか、二人暮らしの家族なのか。住宅事情も違います。マンションに住んでいるのか、一戸建てに住んでいるのか。その広さはどうなのか。さらに、家族によって経済状況もさまざまです。

認知症になるまでの、家族との関係もさまざまです。愛し合い信頼し合った仲ばかりとは限りません。傷つけ合ったり憎しみ合った仲の場合だってあります。

まさに、認知症の人と家族の関係とその環境は、一人ひとり皆違います。ですから、他人の介護をまねすることはありません。「わが家には、わが家の介護があるのだ」と割り切ることが大切です。

私が母の介護をしていたときのことです。毎朝起きたとき母の着物や布団が失禁でどぼどぼになっているのに困って、ある専門職に相談しました。その人は言いました。「夜中、二～三時間おきにお母さんをトイレに連れて行ってあげたらいいでしょう」。この人はアホか、と思いました。そんなことしたら、共働きをしている私の生活はどうなるのだ。当時は、今のように便利な紙オムツもない時代でした。私は「わが家では、そんな介護はできない」と割り切って、朝起きてから着替えさせ、布団を干すことにしました。

その方が良いと分かっても、家族によって、できることとできないことがあります。それは仕方のないこと。百の家族があれば、百通りの介護があっていいのです。

《がんばりすぎないけど、あきらめない》

認知症の人を介護する家族も、一人ひとり個性がありますから、人さまざまと言えますが、中にはがんばりすぎる人がいます。

きわめておおざっぱな感覚ですが、性別で言うと女性よりも男性に多いように思います。また続き柄で言うと、配偶者を介護する人、実父母を介護する人に多いようです。

いずれの場合も、「自分が世話をしなければならない」という思い込みが強い人です。その人たちに聞くと、「これまで苦労をかけてきたから、最後は自分が面倒をみる」ということや、「私を大切に育ててくれたから、今度は私が世話をする番だ」ということをよく言われます。

一生懸命、がんばって介護すること自体は悪いことではありません。

しかし、がんばりすぎると、燃え尽きてしまうことがあります。

会社も辞めて母親の介護をしていた独身の男性がいました。アパートで二人暮らし。部屋はいつもきれいに片づけられていたそうです。自分は食べなくても、母親にはきちんと食事をさせていたといいます。夜は添い寝をしていたそうです。しかし、経済的困窮もあって、ついに心中を図ってしまいました。京都での事件です。

認知症の人の介護は、いつまで続くか予測ができません。まずは、長持ちする介護を心がけることが大切です。そのためには、介護する家族が心身ともに健康でいることが必要です。介護も家事も、すべてを完璧に行わなければならないと思う必要はありません。掃除ができなくても「ホコリがたまって死ぬことはない」、風呂に入れてあげられなくても「入って死ぬことはあっても、入らなくて死ぬことはない」くらいの鷹揚さで手抜きをして、自分の体を休めることも必要です。

しかし、介護を放棄したりあきらめたりしてはいけません。そのために、仲間とつながり、介護保険などのサービスを使い、疲れ切ってしまわない工夫が大切です。

がんばりすぎないけど、あきらめない――そんな介護をめざしましょう。

《家族の暮らしあってこその介護》

認知症の人を介護する家族は、介護だけをしているのではありません。家族自身が暮らしていかなければなりません。それは家族が働いて収入を得なければならないし、子育てがある場合もありますし、近所づきあいや介護以外の家事もあります。何よりも家族自身の健康の維持もあります。つまり、家族の暮らしが成り立ってこそ介護もできるのです。

三四歳の女性の言葉です。

「実母の異変に気づいたのは母が五五歳、私が二二歳のときでした。父と三人の姉たちはほとんど関与しませんでした。

母も私も仕事を辞め、家に毎日いました。『なぜ私だけが看なくてはいけないのか。私の将来はどうなっていくのか。先が長いのにお金もない。どうやっていこう』と不安で毎日泣いていました。」

父と三人の姉たちが、なぜ関与しなかったのか。家庭内に何か問題があったのか、それぞれに介護できない事情があったのか、そこのところは分かりません。

しかし、病気のためや介護のために仕事を辞めてしまっては、たちまち経済的問題が発生し、その後の暮らしそのものが危なくなります。

介護が続けられるためにはさまざまな条件が整うことが必要ですが、もっとも基本になるのは経済的な条件です。

介護のためには一定の費用もかかります。「家族の会」の調べでは、認知症の人自身のこれまでの蓄えや収入で介護費用が賄えている家族は四八パーセントでした。つまり半数以上の人は、介護のために家族が自分の収入や年金をあてているのです。これでは家族が病気になったときに不安を持ち越していることになります。

近年、介護に疲れての介護殺人や介護心中が増えていますが、その背景に生活の困窮があることはよく知られている通りです。

認知症の人を介護することになった家族が、贅沢ではなくても平穏な暮らしを営めることが必要です。介護のために退職せざるをえないようなことがあったり、家族自身の生活が不安定であっては、介護はできません。誰もが介護家族になりうる時代なのですから、どの家族も働くことが保障され、医療や年金や税金などが安心できるものになることが大切です。家族の暮らしあってこその介護、なのです。

第三章　介護の社会化、その光と影

かつて認知症対策は皆無であった

私が母の介護を始めたころ、「介護の社会化」などという言葉はあまり聞かれませんでした。親や配偶者が寝たきりや認知症になったら、子どもや夫(妻)が看るのが当たり前、という風潮が強かったのです。

特別養護老人ホーム(特養ホーム)はありましたが、そのころの対象は、寝たきりの人だけ。しかも多くは人里離れたところにあり、施設は大部屋。人権もプライバシーもなく、ベッドに縛り付けられるのは当たり前だったのです。施設は糞尿のにおいで臭いところ、悲惨なところ、というのが半ば常識の時代でした。

それでも、どうしても家で看られなくなった人は特養ホームに入れざるを得ません。入所のときは本人も家族も、もう〝今生の別れ〟のような気持ちだったようです。そして家族は、「あんなところに親を入れて、冷たい家族……」と非難されもしました。

しかし、認知症の人については、その特養ホームでさえ受け入れてくれなかったのです。私自身も体験したのですが、「ぼけは手がかかるから」という理由です。在宅で介護することについても、当然のように何の公的なサービスもありませんでした。

だから私は、私費で家政婦を雇わなければならなかったのですし、当時は〝座敷牢〟という言葉が平気で通用していたのです。

つまり、国においても地方自治体においても、認知症対策は皆無だったのです。

一九八〇年二月に創刊した「家族の会」の会報で、私は次のように書きました。

「世の中、高齢化社会といわれています。だんだん老人が増えていって、四五年後には五人に一人は六五歳以上になるそうです（厚生白書）。そうなると呆け老人も増えるでしょう。したがって家族も増えるでしょう。

つまり、誰もが呆け老人になる可能性があり、誰もが〔介護する〕家族になる可能性があるということです。呆け老人問題は、現在の家族だけの問題ではありません。みんなの問題なのです。社会の問題です。

いま私たちは、家族だけの負担と犠牲で介護をしていますが、本来、もっと社会の手が差しのべられるべきです。もっと政治の光があてられるべきです。」

「家族の会」の要望活動

「社会の手」が差しのべられるためには、家族の苦労を社会の人に知ってもらわなければなりません。会員は介護体験を語り、文章に書きました。父や母や配偶者の状態を語ることは勇気のいることでした。親戚から「わが家の恥を外に漏らすな」と苦情を言われた会員もいました。

多くの人に家族の苦労を知ってもらうこととともに、もうひとつ大切にしてきたことは、国や自治体に実態を知ってもらい、行政の対策を進めてもらうことでした。そのために結成当初から今日まで、三〇回以上にわたり要望や提言を続けています。

「家族の会」が初めて国に要望書を提出したのは一九八二年八月のことです。私は、一〇都府県支部の世話人ら二〇名とともに厚生省へ赴き、大臣あての要望書を提出、同省から、老人福祉課長、老人保健課長、精神衛生課長補佐らが応対してくれました。わが国で初めて認知症問題を社会化した瞬間でした。テレビ、新聞が一斉に報じました。

当時は「痴呆性老人問題」は行政としても未知の領域で、厚生省でもどの部署が担当するのか、明確ではありませんでした。福祉対策なのか、老人対策なのか、精神障害者対策なのか。厚生省も迷っているようでした。そんなわけで、前述の三課が対応してくれたようです。

「家族の会」が初めて国に要望した内容は、次の七項目でした。

① 地方自治体における相談窓口の開設。国立病院での診療、相談を。
② 保健所、福祉事務所による定期的な訪問援助の実施。
③ 短期入所制度の確立を。ぼけ老人にも通所サービスを。
④ 特養ホームへの長期入所が可能なように。
⑤ 介護手当の支給等、経済的援助を。
⑥ 老人ぼけに関する総合的な保健、医療、福祉の研究を。老人ぼけを特定疾患治療研究事業の対象に。
⑦ 「家族の会」への援助を。

行政施策が一切ない時代の要望ですが、現在にも通じる基本的な要望事項がすべて網羅されているところがすごい、と今さらながら感心します。「定期的な訪問援助」という言い方で今日のホームヘルパーや訪問看護を、「短期入所制度」という言い方でショートステイを、「通所サービス」という言い方でデイサービスを表現しているところには、時代を先取りした先見性を感じます。この要望は、それから一二年後の九四年になって、厚労省の「新ゴールドプラン」の中で、「ホームヘルパー、ショートステイ、デイサービスは在宅介護の三本柱」として位置づけられることになります。

結成して間もない「家族の会」が、このように具体的で先見的な要望を行えたのも、支部(当時は一六支部)のつどいや相談の中で、家族の実態を把握しており、八〇年一二月に全会員を対象にして行った実態調査と、八二年三月に行った第二次実態調査の内容に基づいていたからです。

若年期(当初は初老期と呼んだ)認知症に関する要望にも「家族の会」はいち早く取り組みました。結成当時は認知症といえば高齢者の問題でしたが、数年を経る内に六五歳未満の人たちの問題が現れてきたのです。高齢者と同じ認知症の症状が見られるにもかかわらず、六五歳未満というだけで「痴呆性老人対策」から除外されるという問題も、つどいや相談の中から把握したものです。

八八年二月の要望書に、「老人と同様のサービスを適用すること」という一項を入れ、九二年八月には「初老期(六五歳未満)の痴呆性患者及び家族に関する要望書」を提出したのです。

そこでは、緊急対策として、①所得保障、障害年金の拡充、②家族の不利益の防止、③

若いことを考慮したサービスの促進、④医療機関、福祉施設の理解の促進、⑤総合的な研究――を要望しました。この内容は九一年に行った「初老期痴呆介護実態調査」等に基づいたものでした。

若年期認知症の問題は、その対象者数の少ないこともあって、行政施策は容易には進みませんでしたが、この間、「家族の会」は広島県支部の「陽溜まりの会」など多くの支部で若年期当事者のつどいを行って本人と家族を支えてきました。ようやく近年になって厚労省でも重視するようになってきましたが、その背景には、「家族の会」の長い取り組みがあるのです。

そのほか、九〇年には「痴呆性老人対策」を厚生省の重点事項にすること、九四年には老人保健福祉計画について、九七年には介護保険に関することなどの要望を行ってきました。また、九五年の阪神・淡路大震災、二〇〇四年の新潟県中越地震の際には緊急対策を求めました。抗認知症薬の早期開発と認可の要望も繰り返しました。最近では〇九年の要介護認定の変更問題での意見書、一〇年の介護保険制度改正への提言を国に申し入れています。

これらの要望や提言はすべて、つどいや相談の中で出された生の声や実態に基づいて作られています。しかも、要望書や提言としてまとめる場合には、会員への調査や時間をかけた議論により、多くの人に共通する内容として整理を行います。そのことにより「家族の会」の要望・提言は、行政にも説得力があるものとして受け入れられてきました。これは、本人と家族のつぶやきや愚痴をそれだけに終わらせず社会の声として発展させ、社会と行政を動かしてきたと言うことができるでしょう。

誕生した介護保険

「家族の会」が誕生して二〇年、「家族の会」が厚生大臣に最初の要望書を提出してから一八年が経った二〇〇〇年四月から、介護保険制度が始まりました。

それは、わが国がいよいよ本格的に高齢化社会に突入するという時期であったこと、介護は家族だけの責任にせず社会的に支えなければならないという意識が広がったこと、福祉をすすめるためには新たな財源を確保する必要があったことなどの事情が重なり合って誕生したのでした。

財源を税金で徴収するのか、保険料として徴収するのか、という議論がありましたが、厚生省は当初から保険制度を唱えて、「いつでもどこでも必要なときに必要なサービスが受けられるようになる」とアピールしました。

私たち家族にとってみれば、税であっても保険であっても、いずれにしても我々が一定の負担増を甘受することには変わりはないわけですから、特にどちらでなければならないとは言いませんでした。大切なことは、「いつでもどこでも……」というキャッチフレーズが実現することです。どのような制度、仕組みにするかは行政が責任を持って提案するべきだと考えました。

介護保険は時代の要請もあって多少〝拙速〟で作られた感がありました。その最大の問題点は、ほかでもありません、認知症に十分に対応しないままスタートしたことです。おそらく制度設計に当たった人たちが認知症(当時は認知症という言葉はなくて、「痴呆」の時代でしたが)をよく知らなかったのではないか、と思います。

その証拠に、要介護区分が考えられた当初は、最重度の要介護6(当初は六段階案が出された)の説明には「寝たきりの状態で……」とあり、要介護5には「重度の痴呆の状態で……」となっており、認知症では最重度にはならない仕組みが考えられたほどだったのです。また、認定調査の質問項目に、「電話がかけられるか」「買い物ができるか」などという内容が含まれたりしました。認知症の場合はそれらが**できる**から介護が大変になるのですが、そのことが理解されていなかったのです。これらについては「家族の会」も意見を言い、さすがに制度スタート時には改められました。しかし、要介護度の認定は、基本的には寝たきりの人をモデルにして作られた調査方法で行われることになったのです。

また、サービスの内容も身体障害の人を想定したものが多く、認知症に対応する体制は不十分なままでのスタートでした。

そのことについては、当時の厚生省も認めており、「家族の会」への説明でも、担当者が「寝たきりの人を想定した制度設計になっており、認知症の人には十分対応できていないことは承知している。認知症については、走りながら改善する」と言いました。

こういうときにどのような態度をとるかは、「家族の会」のような当事者組織にとっては難しい判断です。「認知症に不十分な制度には反対だ」という態度も考えられますし、「不十分であっても介護の社会化の一歩前進」と評価する態度も考えられます。私たち「家族の会」は後者をとりました。二〇年間訴えてきた要望が、負担増を伴いながらだが実現に向かう、と考えたのです。そう考えて、介護保険のスタートを歓迎したのです。

歓迎しつつ要望を

介護の社会化の一歩前進として歓迎しましたが、不十分な認知症対応については改善を要望し続けてきました。

制度開始にあたり、「見た目の元気さで判断しないように」と要望しました。これは介護保険利用の入り口に当たる要介護認定で、体の動く認知症の人の要介護度が低く出る恐れがあるため、体が元気だからこそ介護が大変、という認知症の特徴に十分に配慮するように、という要望でした。

この要望をしながら、一方では、家族に対して認定調査を受ける際の注意事項を知らせて、実際以上に要介護度が低く出て必要なサービスが受けられないことがないように注意を促しました。その内容は、本人はできないことでもできると答えたりするから、必ず家族からも日常の様子を調査員に伝えること、日常の様子や家族が困っていることはメモにしておくこと、本人の目の前で本人の言ったことを否定せずに、別の場所でメモを渡して説明すること、などです。

厚生労働省も「走りながら改善する」という約束を果たそうとしてくれました。要介護認定については、認知症を反映するように調査項目を改善したり、コンピュータから打ち出される一次判定の資料に「動ける認知症」を示す記号が表れるように改善が図られました。十分とはいえない改善でしたが、それでも何とか認知症に対応させようとする姿勢として評価できました。

介護保険の誕生により、一気にサービスの量が増えました。街では朝な夕なデイサービスの送迎車を見かけるようになりました。当初は、ホームヘルパーに来てもらう日には朝から家の掃除をした家族も、ショートステイに預けながら毎日面会に行った家族も、徐々にサービス利用に慣れてきました。送迎車やヘルパーを街で見かけるようになると、一般の人にも介護が身近なものとなったようでした。これらのことは、介護が必要になったときには介護保険を利用すればいいのだ、という認識を高めました。介護の社会化の前進でした。

要介護認定をめぐって

介護サービス利用者が大幅に増え、したがって介護保険で助かったという人も増えてきたのですが、その分、介護保険にかかる費用も増えてきました。私たちにしてみれば、高齢者が増えてきたのですからそれは当然のことだと思うのですが、政治の世界では次第に福祉への風当たりが厳しくなってきました。介護保険も、二〇〇六年の法律改正から利用者負担が増やされ、「要支援」の人たちにはサービス利用の制限が強まりました。つまり、誕生して以降、少しずつですが良くなる方向で進んできた介護保険が逆行するのではないか、と危惧される事態になってきたのです。

その危惧をさらに大きくしたのが、〇九年春の、要介護認定のための調査方法の変更でした。〇九年の四月からの変更に備えて、〇八年秋から調査員に対する説明会が各県で開かれ始めたのですが、その内容を知って、仰天しました。

調査項目「買い物」は、同じものを毎日買ってきても「できる」だというのです。「服薬」は、一週間分をいっぺんに飲んでも「できる」だというのです。なんという認知症への無理解か、と驚きました。現状でも認知症には適正に対応していないのに、いっそうピントはずれになるではないか。また、調査項目「移動」は、寝たきりの人は動かないから「自立」になり、「座位」は座っていられる時間の目安を一〇分間から一分間に変えるというのです。これでは明らかに、軽く認定するためではないか。

「家族の会」は、ただちに、今回の変更は、「非常識」「軽度化志向」「認知症への無理解」などと批判する意見書を厚生労働省に提出しました。同じように驚き、憤った団体からも厚労省への抗議の声が届きました。内容とともに、関係者への事前の説明もなく、調査員への説明会で突然明らかにするという厚労省のやり方に対する批判も重なっていました。

多くの関係者からの疑問や抗議の声に押されて、厚労省は、「要介護認定の見直しに係る検証・検討会」を発足させ、〇九年四月一三日に一回目の会合を開きました。真っ先に意見書を提出したせいか、私も委員に加えられました。

そこで厚労省は驚くべき対応方針を打ち出しました。それは、四月から実施している新しい方式での認定結果に納得がいかなければ、それまでの要介護度を選べるというものでした。つまり、それまで要介護3だった人が要介護2などと認定されても、元の要介護3を選べるというものです。役所がいったん実施した制度を事実上ご破算にするのに近い対応です。「経過措置」と称して、「検討会」での結論が出るまでは、この方法を行うというのです。

私は、ある意味、厚労省の英断だと思いました。前代未聞、メンツを捨てての対応です。逆に言えば、それだけ私たちの指摘が的を射ていたということでしょうし、そこまでの決断ができるのなら、なぜ事前にもっと関係者の意見を聞かなかったのか、ということでもあります。

しかし、この「英断」は、利用者にとっては非常識な認定の影響を緩和するものでしたが、認定作業をする市町村と認定審査会からは苦情が殺到したようです。利用者の意思を確かめる手間が大変ですし、審査委員にしてみれば、せっかく審議をして要介護度を決定してもあまり意味を持たない、ということになるのですから。

検討会で、私は、「毛髪がない人の整容は自立」など日本語的にも意味が通じない非常識な認定調査をしたら介護保険そのものが信用をなくすから抜本的に改めるべきだと主張しましたが、委員の中には問題の核心に触れない発言をする者もいました。それどころか、今回の変更は何も悪くない、経過措置も必要ないとまで言い切る委員もいました。今回の問題が分かっていないのか、わざとはぐらかしているのか——などと思いながら、それらの意見を聞いていました。

国会でも野党議員(当時は自公政権)たちが、今回の変更は要介護度を低くしてサービスの利用抑制(経費削減)を狙うものと追及しました。厚労省はそれらに対しては、国会でも検討会でも、「介護にかかる手間を正確に反映し、認定結果のバラツキをなくすもの」と説明し続けました。しかし本当にバラツキをなくそうとするなら、調査の質問項目の解釈を統一すればよい話で、質問内容やその選択肢を変更する必要はないわけですから、厚労省の説明の説得力は乏しいものでした。

検討会では、半年ほどかけて、全国の市町村から報告された新しい認定方法での結果が分析されましたが、予想通り全体的に従来より要介護度が低くなるということが判明しました。これに対して厚労省は、認定方法の変更を完全撤回はしませんでしたが、いくつもの改善を行うことを提案しました。私は、完璧ではないが「家族の会」が提起した問題はおおむね改善されると考えて、了解することとしました。検討会としても了解して一応の決着となりました。「経過措置は必要ない」と言った委員は、これらの改善に反対するのかと思いましたが黙っていました。

この一連の出来事は、私や「家族の会」だけでなく多くの関係者に、介護保険の中の要介護認定について考えさせることになりました。制度発足の時から、要介護認定は介護保険につきもの、あって当たり前のものと多くの人が思ってきました。しかし、厚労省が認定の際の基準を少し触ると簡単に要介護度を下げることができるのだ、つまり制度の実施者の意向で上げ下げは自由にできるのだということを知りました。

一方、検討委員会で、ある委員が資料を示して言いました。それは、過去に介護保険サービスの料金である介護報酬が引き下げられたときは全体の要介護度が上がっている、これは事業者の収入減少を補うために、意図的に高くする認定調査が行われた疑いがある、というのです。なんという、調査員や事業者に対する侮辱的発言か、と思うのですが、もしそれが本当なら、調査員側からも要介護度は自由に操れるのだということになります。それでは、あいだに立って翻弄されているのは利用者と家族じゃないか——。

多くの関係者が、そんな疑問を感じた二〇〇九年初めから秋への出来事でした。

制度の抜本的見直しを

介護保険は二〇一二年四月から制度が改められることになっており、そのために必要な法律改正の内容を議論する、社会保障審議会介護保険部会が一〇年五月から始まりました。部会には、「家族の会」の副代表が委員に就任しています。

「家族の会」は六月の初めに、「介護保険制度改正への提言——要介護認定の廃止など利用者本位の制度に」を決定し、厚生労働大臣に申し入れるとともに介護保険部会でも配付して考えを表明しました。

提言の内容は六項目です。

① 要介護認定を廃止する。

制度にする。

「まず認定」から出発するのではなく、暮らしの中での介護の必要性から出発する

②介護サービスの決定は、保険者を加えた新たなサービス担当者会議の合議に委ねる。

③介護サービス情報の公表制度は廃止する。

④介護サービス利用料の自己負担割合は一割を堅持する。

⑤財源の内、公費負担率を六割に引き上げる。

⑥介護サービス利用者に、作業（野菜・雑貨などの商品づくり）報酬を支払うことを認める。

言うまでもなく、①と②は、前の年の一連の経験から導き出した結論でした。意図的、恣意的に調節できる認定調査と、個別の条件を無視してコンピュータで機械的に要介護度をはじき出すいまの方法に代えて、利用者、家族、ケアマネジャー、事業者、主治医による従来のサービス担当者会議のメンバーに保険者（市町村の担当者）を加えた新たなサービス担当者会議の合議で、サービスが必要かどうか、必要ならどのようなサービスが必要かということを決めようというものです。

現行の、認定調査→コンピュータによる一次判定→審査会による二次判定で決定、とい

う方法を、保険者も加わるサービス担当者会議の合議で決定する方法に変更するという提案なのですが、①の「要介護認定を廃止する」という言葉にインパクトがあり過ぎたからか、当初は「えっ？」という反応もありました。それは多くの人が、介護保険には要介護認定は付き物と思っていたからです。しかし、一方では多くの人が、いまの要介護認定が認知症の人には適切に対応しないということも感じていましたから、当初の「えっ？」はやがて「なるほどそういう考えもありか」という風になっていきました。「目からうろこでした」という声をよくかけてもらいました。

一二年の改正から要介護認定を廃止するということにはなりませんでしたが、介護保険部会でも、「家族の声に耳を傾けるべき」という声も出て、要介護認定のあり方に限った検討会が必要ではないかという意見も出されました。

法律改正案の概要

社会保障審議会介護保険部会の議論を経て、厚生労働大臣は二〇一〇年も押し詰まった一二月二四日、「介護サービスの基盤強化のための介護保険法等の一部を改正する法律案（仮称）の概要」を記者会見で発表しました。その説明には、「高齢者が地域で自立した生活を営めるよう、医療、介護、予防、住まい、生活支援サービスが切れ目なく提供される『地域包括ケアシステム』の実現に向けた取組を進める」とあります。

具体的には、「一　医療と介護の連携の強化等」として、「二四時間対応の定期巡回・随時対応型サービスや複合型サービスを創設」や、「保険者の判断による予防給付と生活支援サービスの総合的な実施を可能とする」、「介護療養病床の廃止期限を猶予」などが言われています。また、「二　介護人材の確保とサービスの質の向上」として、「介護福祉士等によるたんの吸引等を可能とする」ことなどがあります。「三　高齢者の住まいの整備等」では、「サービス付き高齢者向け住宅の供給を促進」とあります。

しかし、「四　認知症対策の推進」では、「市民後見人の育成及び活用など、市町村における高齢者の権利擁護を推進」と、「市町村の計画に支援策を盛り込む」と、市町村任せの感が否めません。

あとの柱は、「五　保険者による主体的な取組の推進」と、「六　保険料上昇の緩和」です。

介護保険部会の議論の中では、介護保険サービスを利用した際の利用料を一割負担から二割に引き上げることや、ケアマネジャーのケアプラン作成に利用者負担を導入するなどの話もあったので、「家族の会」では「介護保険が危ない！」とする見解を発表して反対の意思を表明していたのですが、大臣の記者会見でそれらはなくなっていました。要介護度の低い人を介護保険から外すことになるのではないかと心配していたことについては、「保険者の判断による予防給付と生活支援サービスの総合的な実施を可能とする」として組み込まれたのですが、さてどのようなことになるのか、今後出される省令などを見ないとよく分からない点もあります。

利用料などを引き上げるべきだという意見は、要するに、国庫負担率は引き上げず、介護保険制度を維持するためには、サービス内容を引き下げるか、利用料などを引き上げるか、どちらかしかないというものです。介護保険部会でも盛んにそんな主張をする人がいました。介護保険は〝保険制度〟なのだから、利用者が増えサービスを使う量が増えたら、保険料か利用料を引き上げるのは当たり前、というのです。

私は、それは違うと思います。介護保険は、介護を社会化する方策として誕生しました。誕生のときに、〝税か保険か〟という議論はありましたが、その前提は介護を社会化することであって、その財源の集め方を税方式にするか保険方式にするかということだったのです。「保険」とは、民間の生命保険か火災保険のようなことを言っていたのではありません。だから、当時は、「公的介護保険」と呼ばれていたのだと思います。

しかし、介護保険部会の雲行きからは、負担アップは避けられないかとの思いもありましたが、土壇場になって避けられました。新聞報道などによると、大臣と民主党との最後の協議で、党側の了解が得られなかったから、と言われています。真偽のほどは分かりませんが、大臣であれ政党であれ、最後の決断をする際の判断の物差しは何だろうと考えると、それはやっぱり、多くの国民の理解が得られるかどうかだろうと思います。一〇年の一二月の終わりの判断もきっとそうだったのでしょう。「家族の会」が、その都度、意見を表明してきたことも、決して無駄ではなかったのだと思えます。

その意味で、介護保険のことだけでなく、暮らしのことや政治のあり方のことで、国民が声を出すということは、そんなことをしていったい効果があるのかと自信をなくしそうになるときもありますが、やっぱり大切なことなのだと思います。

第四章　社会を動かした原動力

紆余曲折はありながらも、この三〇年間の間に認知症への理解と関心、行政施策は隔世の感があるほど進んできました。社会は大きく動いたと言えます。社会を動かした原動力は何だったのでしょうか。

本人と家族の声

認知症の中でもっとも多いアルツハイマー病が発見されたのは一〇〇年以上も前ですが、それからずいぶん長い間、人々の関心事にはなりませんでした。有吉佐和子さんの小説『恍惚の人』が大ヒットしたのは一九七二年でしたが、それは「痴呆性老人」の悲惨さを広めはしたものの、病気への理解と介護の社会化の必要性を世に広めるものではありませんでした。なぜなら、恍惚の人＝痴呆性老人は、特殊な存在のように描かれ、読者に恐怖の心こそ起こさせましたが、誰の身にも起こりうる問題とは受け止められなかったからです。

ある問題が社会全体の問題と受け止められるためには、そのことが多くの人に自分にも関わる問題と理解されなければなりません。平和のこと、環境のことも、自分の将来や暮らしにとって直接的な影響があると感じなければ、世界で戦争が起こっていても、地球の温暖化が進行していても無関心になってしまうのと同じことです。

認知症問題もそうでした。一九八〇年代になって社会の関心が向き始めたのは、まさに八〇年の一月に、認知症の人の介護で苦闘していた家族たちが、たまりかねて「こんなに大変なんです。社会の対策を進めてください」と声を上げたことがきっかけでした。

しかも、『恍惚の人』で有名(?)になったがゆえに、「うちのおじいちゃんは、ぼけていません」と隠す風潮もあった時代に、「呆け老人をかかえる家族の会」という名前の団体を旗揚げしたのです。京都で湧き起こった声に、同じように苦労していた家族が全国各地で反応しました。九〇人でスタートした家族は、その年のうちに九四〇人になり、「家族の会」の支部が七都府県で結成されました。

この家族の声の広がりが、認知症問題は特殊な人、特別な家族の問題と思われていたそれまでの社会の意識に影響を与えたのです。普通の家族、どこにでもいるような家族が、私も認知症の人の介護で苦しんでいるのだと声を上げたのですから、多くの人がひとごとではないと思ってくれました。

どんな問題でもそうですが、苦しんでいる人、困っている人が声を上げることが大切です。近年、難病で社会から差別的扱いを受けていた人や、薬害で被害を受けた人たちが自らの尊厳や暮らしの向上を目指して立ち上がり、声を上げ行動して、次々と地位や権利を回復しておられますが、これらのことも苦しんでいる本人、困っている本人が声を上げる大切さを物語っています。そして、それらを見ていて教訓的に感じることは、最初に声を上げるのは常に少数の人たちだということです。次第にその仲間は増えていきますが、該当する人全員が声を上げるわけではありません。しかし、声を上げた人たちは、声を上げない人も含めて同じ状況にある者全員の処遇の改善を求めています。そして困難があったり時間がかかったりしていますが、最終的には国や製薬企業などから謝罪や改善の回答を引き出しています。

このことは、生きていくことや介護の問題で、自分が困っていることを社会への声として発することは、決して個人の問題でなく同じ境遇の多くの人の声を代弁しているのだということです。少人数であっても、勇気を出して最初に声を上げることの大切さ、そのことに共鳴してあとに続く人がいることの大切さ、そしてできるだけ多くの関係する人が声を上げることの大切さを思います。

わがことと思った人の輪

認知症問題の深刻さに最初に気づいたのは誰でしょう？　それは認知症になった人だと思います。一〇〇年以上も前にアルツハイマー病になった人がいました。その人は、きっと自分の異変に驚き、大きな不安を抱えて生きなければならなかったでしょう。しかし、最近まで、本人が苦しんでいるとか、悩んでいるとは理解されていませんでした。「痴呆性老人」と呼ばれて、何も分からなくなった人と思われていました。だから認知症の本人が声を上げるということは考えられなかったし、本人の思いを聞こうという発想もなかったのです。

本人の次に認知症問題の深刻さに気付いたのは家族でした。一緒に暮らしているのですから、当然のことです。威厳のあった父が変わっていく、しっかり者の母が変わっていく、頼りにしていた夫が変わっていく、働き者の妻が変わっていく。それを目の当たりにする家族としての驚きと悲しさ。そして介護の大変さ。

だから、家族がいちばん先に社会に向かって声を上げたのですが、家族でもなく専門職でもない人たちの中に、その声をひとごとと考えずわがことと思った人々がいたことが、社会を動かしたもう一つの原動力でした。

自分の家に認知症の人がいるわけでもなく、その人自身に認知症の心配があるわけでもないのに、介護家族の苦労を理解してくれて、認知症の本人にもとてもやさしく接してくれる人たちがいました。三〇年も前のことですから、今のように認知症についての理解があったわけではありません。だからそれは、知識や理屈というより、困っている人、苦労している人を見て放っておけない、人としてのやさしさというべきものでしょう。

そのような人たちが、家族の周りにいてくれました。「家族の会」は京都から各県に広がっていったのですが、どこの都道府県にもそのような人はいて、家族を励まし、つどいの準備をしてくれました。家族と専門職だけでは深刻になってしまう空気を和らげてくれますし、つどいの会場準備から後片付け、もろもろの連絡など、その人たちがいてくれたからこそ家族のつながりも広がっていきました。

その人たちを「ボランティア」と呼ぶのは、少し違うように思います。私の場合も、すでに亡くなりましたが、Sさんがやたらやさしく接してくれました。私が三〇代半ばと若かったこと、子育て最中であったことで母親のような心境になられたのかも知れませんが、「高見さんはよく頑張っている、偉い」といつも声をかけてくれました。おせっかいなおばさんだと思うこともありましたが、私の苦労をそのまま受け止めてくれている、というやさしさを感じたものです。押しつけがましくも、恩着せがましくもなく、理屈だけの解決策らしきことも教えず、説教めいたことも言わず、ただ一緒に困難を受け止めてくれる人たちがいました。

本人と家族と専門職の間に、そのようなやさしき普通の人たちがいたことが、認知症の問題が本人と家族と専門職だけの問題ではなく、社会のみんなの問題だということを広める上で大きな役割を果たしました。「今は関係ないと思っている私たちの問題でもあるのですよ」という認識は、この人たちの存在があったからこそ、広まったのだと思います。まさに、家族の声を社会に届けるために、なくてはならない存在でした。いわば、家族の伴走者の役割を果たしてくれたのです。

専門職の実践

専門職とは、医療職、介護職の人たち。要するに認知症の人に職業として関わる人たちのことです。今でこそ、介護福祉士とかケアマネジャーとか認知症ケア専門士とかいろいろありますが、これらは一九八〇年代後半以降に誕生した職種です。

「家族の会」ができた三〇年前ころは、医師か看護婦（当時は看護師ではなかった）か、施設で介護に当たる人くらいしかいませんでした。しかも、病院も施設もまともに認知症には向き合っていなかったのですから、認知症に関わる専門職はきわめて少なかったと思われます。わずかに精神病院は認知症の人を受け入れていましたが、それは「隔離・収容」のためでしたから、およそ尊厳を保つとか人権を尊重するというものではありませんでした。

それでも、家族の苦労を見かねて、なんとか家族の力になろうという人たちがいました。前項で述べた素人の人たちは、家族に寄り添い支えようとしてくれるのですが、専門職の人たちは、家族が困っている認知症の人をなんとかしてあげられないかと考えてくれました。そこが専門職の専門職たるところです。

岡山県の佐々木健《けん》医師は、一九八四年にわが国で最初に、認知症専門の病院を始めてくれました。困り果ててもどうすることもできなかった家族に希望を与えてくれました。いま「家族の会」理事をしている群馬県の田部井康夫さんは、八三年に、認知症の人を預かるデイサービスの元祖「みさと保養所」を始めてくれました。島根県の槻谷《つきたに》和夫さんは、既存の施設では制約があり過ぎると考え、勤めていた施設を退職して、八七年に通いも泊まりも可能な小規模多機能施設「ことぶき園」を開設しました。

当時は、認知症の人に対するサービスの制度がなかったのですから、みさと保養所もことぶき園も施設開所にあたっての国や自治体からの補助金はありません。私費をなげうっての開設でした。運営費についても、どこからの支援もありません。利用する家族は、全額自己負担の利用料になるのですが、それでも一週間に一日だけでも介護から離れられる日ができて、大助かりでした。

そのほかにも、昼間だけでも認知症の人を預かろう、あるいは必要があれば泊まりも引き受けようという、家族からすれば本当にありがたい専門職の人たちが、わずかですが各地に現れてくれました。

家族の苦労を見かねて、とにかく認知症の人を預かることから始めた専門職の人たちでしたが、預かった限りは、たとえ認知症の人といえども楽しく過ごしてもらいたい、と考えられました。ここが、家族と違うところです。

二四時間、三六五日の介護で精神的に追い詰められている家族からは、相手に楽しく過ごしてもらおうなどという発想は出てきませんでした。

何もできない、何も分からないと思われていた認知症の人を相手にして、当時の専門職の人たちは、試行錯誤で対応を工夫しました。「家族の会」も、一九八五年から「呆け老人と家族への援助をすすめる全国研究集会」を開催して、認知症の人への先駆的・良心的な取り組みの経験を交流することを始めました。

「託児所」をもじって「託老所」などとも呼ばれながら、そのような取り組みが進む中で、これまで考えられていたこととは違う認知症の人の様子が分かってきました。意味不明だと思われていた認知症の人の言動にも、それなりの理由があるようだということです。

佐々木健医師は一九九四年に病院での経験をつづった本を出版、その題名は『ボケても心は生きている』(創元社)でした。家族の介護体験から、なんとなくそのようなことを思っていた「家族の会」は、その言葉に共鳴しました。そして、佐々木医師に了解を得て、その言葉は、「ぼけても安心して暮らせる社会を」とともに「家族の会」の二大標語として今日まで大切にしています。しかし、「ぼけても心は生きている」ことが社会的に本当に理解されるのは、二〇〇四年秋の国際会議で日本人男性が思いを語り、同年末に「痴呆」が「認知症」に替わったころからですから、一〇年を要したということになります。

いずれにしても、三〇年も前に、苦労する家族を助けようとし、それとともに認知症の人を「人間」として見つめて接してきた専門職の人たちの努力が、認知症への理解を深め、国や自治体が制度として対策をすすめることを促してきたのです。
この人たちの存在なくして、社会は動かなかったでしょう。

行政の基盤整備

社会が動いていくときに、一番最後に動くのが行政ではないかと私は思います。認知症をめぐる社会の動きを振り返ってみると、そう思えるのです。

まず、生活の中で困った家族がいちばんに声を上げる、それを支える市民が現れて家族どうしの励ましあい・助けあいの活動が始まる、それを見て良心的な専門職の人たちが具体的な援助を始めてくれる。それは、認知症の人を預かってくれたり泊めてくれたり、対応の仕方を研究してくれたり、ということです。

家族どうしの活動や、一部の専門職のそれらの取り組みが、効果、成果をあげたのを見て、行政はやおら制度化を行う――というのが日本の認知症対策の流れです。

認知症の人を介護する家族が日本で初めて行政(厚生大臣)に要望書を提出したのは前にも述べたように一九八二年八月でした。そのころは、国においても地方自治体においても、いわゆる「痴呆性老人対策」は皆無でした。つまり、行政は、認知症の本人に対しても家族に対しても、なんら対応をしていなかったのです。

行政の対策がなくても、家族は介護をしなければなりません。そのために「家族の会」は、家族のつどいで苦しみや悩みを話し合い、経験を交流して介護への勇気をわかせるようにしました。また、世話人が自宅の電話番号を公表して、昼でも夜でも相談に応じました。つどいに参加できない人のためには、会報を発行して情報を届けるようにしました。行政の対策が皆無でも、家族どうしのこのような取り組みは介護を継続するうえで大きな効果をあげました。

これを見て行政は、八二年から保健所での「老人精神衛生相談事業」を始めます。これに伴い、保健所主催の「介護者教室」なども開かれるようになっていきました。

認知症の人に対する毎日実施のデイサービスが制度化されたのは、九二年になってからですが、これは前項で述べた託老所などの実践でその必要性と効果が証明されたからでした。

介護保険制度の開始と同時にグループホームも制度化されましたが、これもすでに数年前から何カ所かで実践されて、とくに認知症の人のケアには効果が大きいと言われていました。

二〇〇六年から制度化された小規模多機能施設も、すでに約二〇年前に島根県で始まり、その後も、通いも泊まりもできる施設として各地で実践されてきていたものです。

行政が制度化すれば、開設に必要な資金に援助がされることになりますから、事業者が一気に増えます。また、介護保険制度に組み込まれれば、利用者も一割負担でよく、利用しやすくなります。

このように、家族や良心的な専門職が声を上げて実践して、その効果を見てからでなければ行政は腰をあげてくれません。「家族の会」ができてからの三〇年を振り返ってみて、私たちが何も言わないのに行政が先取りして施策を行ってくれたことは一度だってありません。その意味で、認知症問題に限らず社会のさまざまな問題において、困っている当事者が声を上げることは必要だし、当然のことです。

しかし、行政が制度として取り上げてこそ、問題が社会の共通問題として広まり、解決の方向に踏み出します。認知症問題の三〇年は、そのようにして進展してきたと思います。

私の経験から、良い行政とは何かと問われたら、少数の国民・住民からの声であってもそのことが国民の幸せに結びつくものであるか、あるいは将来的に国民にとって大切な問題であるかということを判断できるセンスがあり、そう判断したら政策として実現していくことだと思います。その意味では、三〇年前から認知症問題に関わってくれた行政は、二〇〇六年頃まではおおむねそのような流れであったと思っています。

ただ難しいのは、制度化されると事業所が増えるのは良いことなのですが、一方ではいろいろな方が参入されることになり、サービスの質に格差が生じることです。したがって、行政においては常に質の低下を招かないような対応が必要です。

また、制度化する際に、適正な事業費(介護報酬)を定めないと、せっかくの制度化なのに事業所が増えないということも起こりかねません。〇六年に制度化された小規模多機能施設が、家族からの期待が大きいのに十分に増えないのにはそのような理由があると考えて、「家族の会」では適切な介護報酬にするべきだと要望しています。

メディアの影響力

この三〇年の間に社会が大きく動いた原動力として、新聞、テレビを先頭とするマスメディアが果たした役割も見逃せません。ただし、それは、「良きにつけ悪しきにつけ」という限定を付けてですが。

「家族の会」が一九八〇年一月二〇日、京都の家族だけで結成するつもりだったのに全国から家族が集まり、その日から全国組織としてスタートしたのは、新聞のおかげでした。七九年一二月一九日付で地元の「京都新聞」が「ボケ老人家族の会　一月結成めざす」と報じてくれた記事を見て、「朝日新聞」が八〇年一月一八日に全国面で「呆け老人の家族の会　知識伝え合い援助も」と紹介してくれたおかげでした。両紙の記事がなければ、三〇年前に全国組織としての「家族の会」が誕生しなかったかも知れないし、認知症の問題が一気に社会の関心事にならなかったかも知れません。きわめて意義深い記事でした。

その年のうちに、大阪、岐阜、東京など七都府県に支部ができ、八一年には埼玉、群馬、滋賀など九県にも新たに支部が誕生していくのですが、「家族の会」の名称をめぐって不思議なことが起こりました。序章でも触れましたが、「呆け」という言葉が差別語だとして、「呆け老人をかかえる家族の会」の名称がそのまま報じられなくなったのです。私の談話がテレビで報じられたとき、画面に流されたテロップの文字は、「痴呆性老人をかかえる家族の会代表の高見国生さん」でした。また、八一年の広島県支部の結成を報じた各紙は次のように書きました。

読売「知的機能の衰えた老人のてだてを話し合う家族の会結成」。

朝日「自立困難な老人をかかえる家族の組織」。

中国「もの忘れがひどかったり、特有の老人病に悩むお年寄りをかかえた家族の集い」。見事なまでに「呆け」という言葉を避けています。これではどんな組織かわかりません。固有名詞である「呆け老人をかかえる家族の会」という名称をそのまま報じないことは、「家族の会」がまるで差別団体のような誤解を与えることにもなります。案の定、一部の人たちからは、「そんな名称の団体では老人も介護人も救えない」などという新聞投書が寄せられました。

結成前には、「ボケ」「呆け」と使っていたメディアの変貌ぶりは、当時の〝言葉狩り〟に揺さぶられて、認知症問題の核心から遠ざかるものでした。

しかし、九〇年に毎日新聞社の肝いりで、「財団法人ぼけ予防協会」(現・認知症予防財団)が厚生大臣の認可を得るころになると、マスメディアにも「呆けアレルギー」は薄れていき、言葉の問題でなく深刻な中味の問題として認知症問題が理解されていくようになりました。

メディアで、認知症の人を介護する家族の大変さが取り上げられるようになり、「家族の会」の活動や会員の話が取り上げられて、認知症の人の実態や家族の苦労が社会に知られていきました。「家族の会」でも会報を発行して、会員だけでなく行政機関や関係団体にも届けたり、講演会を開催して訴えたり、街頭行動でリーフレットを配布したりしているのですが、メディアで紹介される効果とは比べものになりません。新聞やテレビで取り上げられるごとに社会の関心が大きく高まりました。「家族の会」の電話番号が紹介されようものなら、その直後から電話が鳴りっぱなしになりました。

介護保険が施行される二〇〇〇年ころになるとメディアの関心はいっそう高まり、各紙、各局が特集記事や番組を組むようになりました。認知症の本人が思いを語った〇四年の国際会議については、「『痴呆』語り、分かち合う　政策決定参加も訴え」(朝日)、「ケアモデル発信を　希望与えた患者発言」(京都)、「痴呆ケア新潮流　個性尊重焦点に」(読売)などと報じて、認知症問題が新しい展開を始めたことを社会に知らしめました。

マスメディアには、いま起こっている現象を社会に伝える役割とともに、これから進もうとしている動きを後押しする役割があると思います。国際会議の報道は、認知症の本人も社会の主人公になるべきこと、認知症ケアは本人の思いに沿った内容であるべきことという時代の流れを予測し、後押しするものでした。

そしてその年〇四年の暮に、「痴呆」は「認知症」へと替わったのです。また、それ以降、「パーソン センタード ケア」などと言って、認知症の人の思いに沿うケアの考え方が広まったり、そのための手法が工夫されたりし始めたのです。

第五章　ホンネで語る家族の心得

認知症を理解する

「敵を知り己を知れば百戦危うからず」といいます。認知症の人の介護にも、このことは当てはまります。もちろん、認知症の人は敵ではありませんので、病気を理解すれば介護もうまくできる、という意味と考えてください。

認知症というのは、個別の病名ではありません。「一度獲得した知的機能（記憶、認識、判断、学習など）の低下により自己や周囲の状況把握、判断が不正確になり、自立した生活が困難になっている人の状態」です。つまり認知症の状態になっている、という意味の言葉です。

ですから、認知症になる病気はたくさんあるのです。もっともよく知られているのはアルツハイマー病でしょう。そのほかにも、脳の血管が破れたり詰まったりする脳内出血や脳梗塞からくる脳血管性の認知症がありますし、最近ではピック病やレビー小体病なども知られるようになってきました。そのほかにもたくさんあり、病名を並べると数十種類にもなると言われています。

つまり、腹痛とか頭痛とかいっても、その原因はいろいろあるのと同じように、認知症にもいろいろな病気があるということです。

しかし、共通することは、脳に何らかの障害が起こったことにより、一度獲得した知的機能が衰えていくということです。

その中でも、ほとんどの認知症の人に表れて、介護する家族がもっとも不思議だと思うのが、記憶障害——もの忘れ——です。

さっきご飯を食べたばかりなのに「ご飯まだか?」と言われたり、長年連れ添った妻から「おたく、どちらさん?」と言われたりした人は、たくさんおられるでしょう。

どうしてこんなことが起きるのか。

答えは簡単です。認知症の人のもの忘れは、経験したことをそっくり忘れるのです。普通のもの忘れは、何を食べたかを忘れるのですが、認知症の人のもの忘れは食べたこと自体を忘れるのです。だから、「ご飯まだか?」となり、「私は朝から何にも食べていない」となるのです。

家族からしてみると、「なんという白々しい嘘をつく」と思ってまた腹立たしくなるのですが、認知症の本人からすると、食べていないはずだから食べていないと言っているだけ、なのです。

ここで、認知症の人の立場になって考えてみましょう。自分は朝ご飯を食べていないから「まだか?」と聞いているだけなのに、家族はみんなそろって「さっき食べたじゃない」と言う。私は食べていないのに、どうしてそんなことを言うのだろう。私に意地悪をしているのだろうか――認知症の人がそう思っても不思議はないのではないでしょうか。

認知症の人のもの忘れは、周りの者が「さっき食べましたよ」と教えてあげても、まったく思い出せないほどのものであることが特徴です。私たちですと、たとえば友人から一〇〇〇円を借りてすっかり忘れていたとしても、「貸した一〇〇〇円を返してくれ」と言われたら、「ああそうだった」と思い出すことができます。ところが認知症の人はまったく思い出さないから「借りていない」となるのです。それが認知症の人のもの忘れなのです。

認知症の人のもの忘れのもう一つの特徴は、新しいことから忘れているということです。言い換えると、昔に戻って生きているのです。長年連れ添った夫に「どちらさん?」と尋ねることは、その典型です。このことがもっともよく分かるのは、認知症の人に年齢を聞いてみることです。八〇歳の女性が「五〇歳!」と答えたりします。

八〇歳の女性が五〇歳と答えたとき、「この人は認知症のため自分の年齢を忘れてしまった」と考えがちですが、私はそうではないと思っています。つまり、八〇歳の女性が五〇歳と答えるということは、五〇歳からあとの人生をすっかり忘れて、今は五〇歳の時代に戻っているということです。三〇年前の自分に戻っているのです。

そうすると、自分は八〇歳のおばあさんではありません。当然、自分の夫も五〇歳代で働き盛り、髪の毛は黒々としているのです。目の前にいるはげ頭のおじいさんが自分の夫ではあるはずがありません。知らないおじいさんに「おたく、どちらさん?」と尋ねても、不思議はないのです。

私も母に「どちらさん?」と言われました。ものすごいショックでしたが、考えてみれば、母が三〇歳若返っているとすれば、私は地震のあと京都へ来たころの六歳の少年であるはずなのです。三六歳、背広を着た私は、母からすれば知らないサラリーマンだったのです。

認知症の人は、夫を忘れたり息子を忘れたりしているのではありません。凛々しかった夫、可愛かった息子を大切に胸に秘めて生きているのです。長年連れ添ってきた妻に忘れられた、可愛がってくれた親に忘れられたと嘆くことはありません。

認知症の人は何十年か前にさかのぼった時代に戻って生きている――このことが分かれば、認知症の人の不思議な言動を理解することができます。

夕方になると「お世話になりました、帰ります」ということも、現在の住まいが引っ越しや改築で昔とは変わっていれば、ここは自分の家ではないと思うから、「帰ります」となるのです。認知症の人の気持ちになれば、不思議なことではありません。それどころか、よそ様の家に来ていれば夕方に引き上げるのは常識です。夕ご飯などの気を遣わせてはいけないという、認知症の人の礼儀正しさの表れということができるのです。

長年通いなれた道なのに迷うことも、町の様子が昔と変わっていれば、そこはもう来たこともない知らない町になってしまいます。あせればあせるほど、早足になり、目的地である自宅や会社を探してさまようことになってしまいます。これが、〝徘徊〟の理由です。

鏡に映った自分に話しかけたり怒ったりしていることも、鏡の中の〝老人〟は自分ではないからです。夫に「どちらさん？」と尋ねるのと同じように、自分も鏡の中のような老人であるはずがないのです。医学用語では「鏡像現象」などというようですが、そんな摩訶不思議なことのような呼び方をしなくてもよいのに、と思います。

トイレで出した自分の大便を持って出てきたりすることも、水洗便所でない時代に戻っていれば、どうしてここに大便があるのだろうと思うでしょう。このままでは行儀が悪い、片づけなければと思うことは、これも認知症の人の礼儀正しさの表れといえます。

こうして見てみると、認知症の人の言うことやすることは、家族の目から見ればおかしなことやびっくりするようなことであっても、本人の心の中はきわめて普通で礼儀正しく、常識的な言動であると思えませんか。

「家族の会」に寄せられた、夫を介護する妻からの手紙にこんなことが書かれていました。

「私が外出するときはいつも大きな紙に『外に出ないようにお願いします』と書いて貼って出かけていました。主人はいつも機嫌よく待っていてくれましたが、その日は家にいませんでした。

その日は、途中から雨が降ってきました。雨が降ることなど予想しておらず、紙に何も書いておきませんでした。主人は思いやりのある人でしたから、私に傘を持ってこようと思って出かけたのですが、帰ることができなかったのです。傘を二本持って、警察で保護されていました。」

この出来事は、見事に認知症の人の心と行動を表しています。妻に傘を持っていってあげようというやさしい心があるのに、一歩家を出ると、もうそこはまるで見知らぬ町で迷ってしまう。そのとき、本人はどんな気持ちだったでしょうか。

認知症の人の症状には、記憶障害（もの忘れ）以外にも、見当識障害（時間や場所が分からない）、判断力低下（車の運転や、料理の段取りができない）などがありますが、ここでは、いずれの障害にも関係している、もっとも基本的なもの忘れで説明しました。

このことから言えることは、認知症の人の言動にはその人なりの真実がある、ということです。うそを言ったり、家族を困らせようと思って行動しているのではない、ということです。本人の心の中は少しも変わっていないのに、いまの時代が分からなくなって混乱している人――それが認知症の人だと私は思っています。

理屈が分かっても、介護は楽にならない

認知症の人を介護するとき、本人の言動を怒ったり否定してはいけないと言われています。相手の立場になって、相手のペースに合わせて介護することが大切、と言われます。

それは、先に述べたように、本人はうそを言ったり家族を困らせようと思ってしている わけではないのに、周りから怒られたり否定されたりしたら、混乱してさらに認知症の症

状が進行するからです。そうすると介護はいっそう困難になり、家族のイライラや疲れもまた大きくなります。

認知症の人が、いまどんな時代に戻って生きているのか、何が分からなくて混乱しているのか、相手の立場を理解して付き合う――これは認知症の人の介護をする際の基本的な心得ということができます。

しかし――、しかし、です。これはあくまで理屈のうえの話。家族が在宅で介護するとき、そんなにうまくできるものではありません。理屈は分かっても、現実の場面では理屈どおりにはできないのが当たり前です。

たとえば、認知症の人がトイレから大便を持って出てきたとき、「ああ、水洗便所の使い方が分からないんだなあ、ハハハ」などと悠長なことは言っていられません。その姿を見たとき、家族はパニックになりますし、腹が立ちます。怒ってはいけないと理屈では分かっていても、「なんてことをするのですか！」と怒ってしまいます。それが普通です。

「ご飯まだか?」。これも、食べたことをすっかり忘れているのですから、「いま食べたばかりじゃない！」と怒ったり教えようとしたりせず、「すぐ用意しますから、ちょっと待ってね」と答えたり、少量のおやつなどをあげるといった対応が理屈上は正しいのですが、何度も何度も繰り返されるとやっぱりイライラして「いい加減にしてくれ！」と叫んでしまいます。

「おたく、どちらさん？」。これも、かつての若かった夫や、可愛かった息子を胸に秘めているからこそ、目の前の年取った男性や背広を着た青年が夫や息子と分からないだけなのですから、「お前の夫じゃないか！」などと分からせようとせず、近所のやさしいおじさんや青年になって対応するのが理屈上は正しいのですが、驚きとショックでついつい怒ったり悲しくなってしまいます。

ある女性が言いました。「『家族の会』の集まりに来てみなさんの話を聞いたら、おばあちゃんは病気なんだからやさしくしてあげようといつも思うんです。だけど、家に帰っておばあちゃんの顔を見たら、やっぱり腹が立つんです……」。

理屈が分かっても、そのとおりにできないのはどうしてか。

それは、家族だからです。

理屈が分かってもそのとおりにできない理由は、二つです。

第一の理由は、家族は介護だけをしているのではないから。

第二の理由は、認知症の人と介護する家族のこれまでの人間関係があるから、です。

はじめの理由について説明しましょう。

介護している家族は日々の生活を営んでいます。自営の方ですと、商売をしなければなりません。勤めている方は、仕事に行かなければなりません。子育て中の方は、子どもの世話があります。老老介護の方は、自分自身の体調が気になります。家の掃除や洗濯、食事の準備もあります。近所との付き合いもあるでしょう。

認知症の人の介護だけをしていればよいのではありません。毎日の家事や仕事をしながら、介護もしているのです。

そういう家族にとって、理屈は分かっても、相手の立場に立たなければと思っていても、実際は簡単ではありません。

たとえば、入浴をさせようとした場合、簡単に衣服を脱いではもらえません。理屈上は、相手のペースにあわせてゆっくり時間をかけて納得してもらって脱いでもらうのがいいのですが、そんなことをしていたら、家族はほかの用事ができません。家族の都合から言えば、いまこの時間に入浴してもらわなければ困るのです。ついつい力ずくで脱がせようとして、さらに本人を混乱させ、家族も疲れてしまいます。

家族には、家族の生活と時間の流れがあります。暮らしの中では、介護以外のことにも気がかりなことや考えなければならないことがあります。生活のすべての時間と気持ちのすべてを介護にあてられるわけではありません。理屈が分かっても、そのとおりにできないのはやむを得ないことです。

二つめの理由、認知症の人と家族のこれまでの人間関係、について説明しましょう。

介護に当たるとき大切なことは、認知症の人への愛情と尊敬を持って接すること、などと言われます。しかし、それまでの人間関係が良好であった場合ばかりとは限りません。親子であっても、夫婦であっても、兄弟姉妹であっても、それまでの人生においては不仲であったり、時には憎しみ合っていた場合もあり得ます。嫁の立場の人が舅、姑を介護する場合は、それまでの付き合いは短く、しかも良い思い出のない場合も多くあります。

相手の立場に立つべし、相手の気持ちに沿うべし、相手のペースに合わせるべしという〝理屈的に正しい介護〟を実践することは至難の業です。

一方、それまでの人間関係は極めて良好、大好きで尊敬する立派な親や配偶者や義父母である場合も、理屈どおりには介護できない場合があります。

それは、悲しみや衝撃が大きすぎて冷静に対応できないことがあったり、認知症であることを認めたくないという心理が働いたりするからです。「あんなに立派で責任感の強かった父が、こんなことをするなんて信じられない」、「何とかして昔の姿に戻したい」などと思って、叱ってみたり、教えてみたり、説明して分からせようとしたりします。

このように、良きにつけ悪しきにつけ、それまでの人間関係や相手に対する感情を無視できないのが、家族の介護なのです。だから、家族は理屈が分かっても介護は楽にはならないのです。

認知症を恥じない、隠さない

もし自分が認知症と診断されたとき、あるいは家族が認知症と診断されたときには、認知症という病気を恥ずかしがらない、隠さないことがもっとも大切です。

かつて認知症が「痴呆」と呼ばれた時代は、恥ずかしい病気、知られたくない病気という風潮が強く、親戚にも近所にも隠す人が多くいました。

しかし、隠すということは認知症の人を家に閉じこめることになり、介護も家族だけで行うことになります。こういう介護はもっとも良くない介護であり、家族も疲れ切ってしまいます。

なぜ、認知症を恥ずかしいと思うのでしょうか。

それは、日本では昔から、身体的病気より精神的病気を差別する風潮があったからだと思います。「この病気（精神病）になった不幸より、この国に生まれたことの不幸」と書かれたものを読んだ記憶がありますが、精神的病気を差別する空気は根強くあります。

認知症も「痴呆」と呼ばれていた時代は、狂った人などと思われて、差別的な目で見られていたのです。ですから、家族はできるだけ周りに知られないように、隠すようにしたのです。

しかし、認知症になる病気は、いずれも数ある病気の中の一つに過ぎません。しかも、六五歳以上の人の六～七パーセントに発症し、現在では二〇〇万人以上の認知症の人がいると言われているのです。誰がかかってもおかしくない病気です。六五歳未満の人の中にも三万八〇〇〇人ほどいると言われているのです。

仏教では、「生老病死」といって、生まれること、老いること、病むこと、死ぬことの四つは、人生における免れない四つの苦悩といいます。私は仏教徒ではありませんが、なるほどと思っています。

人は必ず老います。そして病気を持たない人はいないでしょう。高血圧であったり、糖尿病であったり、心臓の病気であったりします。その中の一つが認知症なのです。高血圧が恥ずかしくないのと同じように、認知症も少しも恥ずかしいことではありません。まずは、認知症を恥じない、隠さないことが大切です。

家族が認知症であることを隠さないことから、介護の展望は開けます。

「うちの祖父が認知症になりました」、「私の夫が認知症と診断されました」と周りの人に打ち明けて助けを求めれば、必ず理解して協力してくれる人が現れます。世はまさに高齢社会、認知症を他人事とは思っていない人は大勢います。認知症サポーターは二五〇万人を超えているのです。打ち明ける相手が見つからないという人は、お住まいの地の「家族の会」支部にどうぞ声をかけてください。

家族が隠していたり、「私の夫はぼけてなんかいません」などと言うと、周りの人は協力したくてもすることができません。余計なおせっかいになってしまうからです。人のつながりが希薄になったり、他人には干渉しないという風潮が強まっているとはいえ、まだまだ介護家族の苦しみに心を寄せてくれる人たちも大勢いることを信じましょう。

どこまで家で看るか

認知症の症状が進行したり、家族が病気になったり、家族の事情が変わったりして、家で介護を続けることができなくなるというのは当然起こりうることです。不思議なことではありません。

しかし、家族は悩みます。入院や入所をさせてもいいだろうか、もっとがんばらなければならないのではないか、自分は冷たい家族だろうか、などと。

いったいいつまで在宅で介護すればよいのか。どこまで家で看ればよいのか。

結論から言えば、看れるところまで看ればいいのです。

では、看れるところまでとはどこまでか。

それは、家族の力の限界までです。

では、家族の力の限界とはどこか。

それは、これ以上在宅介護を続けたら介護している家族がまいってしまうと思うとき、これ以上在宅介護を続けたら介護している家族自身の暮らしが続けられないと思うときです。その原因としては、家族の健康の問題、経済的問題、家族の状況の変化、住宅の事情、家族間や親戚や近隣の人たちとの人間関係の問題など、いろいろなことが考えられます。

いずれにしても、家族がもうこれ以上は無理だと思ったときが力の限界なのです。

力の限界は、それぞれの家族によって違います。それは、家族によって、みんな条件が違うからです。老老介護の場合や家族自身が病弱な場合は、当然、力の限界は小さいでしょう。住宅が狭かったり、不便な場合も小さくなるでしょう。経済的に困窮しているときもしかりです。大家族か少人数の家族かによっても、力の限界は異なります。家族みんなが協力的かどうか、親戚の理解はあるか、隣近所の状況によっても限界は違ってきます。認知症の人と家族とのこれまでの人間関係によっても違うのです。

認知症の状態によって、どこまで家で看られるのかが決まるのではありません。症状が軽いから看られるとか、重いから看られないというものではないのです。家族の状況によって、軽くても看られないときはありますし、重くても看られるときがあるのです。家族が「もう力の限界だ」と思ったときが、入所や入院を決断するときです。

親戚や、ましてや他人が、「もっと家で看るべきだ」とか「もう入所させたら」などと言うべきではありません。また、家族はそんな言葉に惑わされることはありません。

ただし、入院・入所を決めるまでには、可能な限りの努力をすることは必要です。なぜかというと、多くの家族が入院・入所させたあと、「これでよかったのだろうか」と悩みます。それはどんな場合にも付きまとう家族としては避けられない心情なのですが、この後悔をできるだけ少なくするためには、「精一杯やった」「これ以外には道はなかった」と思えることが必要だからです。

在宅介護がいちばんいいのか

どこまで家で看るかということと関連して、考えたいのは、在宅介護がいちばんいいのか、ということです。

世の中では、「住み慣れた我が家で暮らし続けるために」とか「住み慣れた地域でいつまでも」などと言われますが、ほんとうにそれが幸せの唯一の道なのだろうかと、私は思っています。

私自身は母を最後まで自宅で介護しましたが、母にとってそれは幸せだったのだろうか。妻が次女を出産するとき、二カ月だけ母を精神病院に預かってもらったことがあります。家では付けなかったオムツを外さないようになって帰ってきたことについては、たしかに病院は介護者の都合に合わせて介護するものだと思いましたが、一方では、クリスマスの行事をしてもらっていたり、書き初めを書かせてもらっていたり、お正月を祝ってもらっていたりしていました。母はそれなりに楽しかったのではないでしょうか。

家では、母をただ生きさせていただけのように思います。季節の行事をしてやったり、ましてや書き初めを書かせるなどは思いもよりません。家族の介護にそんな余裕はありません。やさしく接したり相手のペースに合わせて介護することが良いと理屈では分かっていても、実際にはなかなかできない。邪険に扱ったり叱ることもしばしばです。在宅介護にこだわるのは、実は家族の自己満足ではないのか。

私が介護をしていた時代は、認知症のことがまだまだ理解されていない時代で、今日のように「パーソン センタード ケア」(person-centered care)とか「バリデーション ケア」(validation care)とかいって本人の思いに沿ったケアが言われる時代ではありませんでした。それでも、書き初めを書かせようという取り組みは行われていたのです。

しかし、今日では、認知症の人の尊厳が言われ、施設でも一人一人が個室を持つ流れになってきています。ケアの質は大幅に良くなってきています。

愛情を持って介護しているつもりでも、家族は介護だけに時間を使うわけにはいきません。家事があり、家族自身の暮らしがあります。認知症の人を主人公にした生活は簡単ではありません。

良心的な施設で良心的な職員に介護されるのなら、認知症の人にとっても、在宅よりも施設のほうが幸せではないだろうか、と私は思っています。

ただこれは、本人の人生観、家族の人生観にもよりますから、どちらが正しいかというものではありません。あくまで本人と家族が選択することです。

言いたいことは、在宅で最後まで暮らせることがいちばん幸せ、などと決め付けないで、在宅であろうと施設であろうと、認知症の人も家族も幸せに暮らせるような社会をつくるのが大事だということです。

社会的サービスを大いに使う

社会的サービスを大いに使うことは、認知症の人を介護するときの〝イロハのイ〟です。最近は少なくなったようですが、それでもまだ、「お上の世話にはならない」などと考える人もいます。

社会的サービスとは、国や自治体が実施主体となって行うもので、認知症の人の介護をする際の代表的なものは、いまなら介護保険です。介護保険以外にも、介護を助けてくれる社会的サービスとしては、心身の状態に応じて支給される手当や、各種料金などの減免制度、市町村が実施するサービスなどがあります。生活を支える生活保護も社会的サービスの一つです。

社会的サービスを使うことを遠慮したり、恥ずかしいことのように思ったり言ったりする人がいますが、それはまったく間違っています。私たちが日本の国をつくったり自治体をつくったりしているのは、国民が幸せに暮らせるためです。そのために私たちは税金を払っているのです。税金は、基本的なものとしては所得税や住民税がありますが、自動車を買えば自動車取得税、ビールを飲めば酒税、タバコをすえばたばこ税と、取る方はあの手この手で取ってきます。そもそも、何を買っても消費税がついてきます。名目は何であれ、これらは要するに国や自治体を成り立たせるための私たちの負担です。また、年金や医療、介護のための掛け金も一種の税金といっていいでしょう。これらを合計すれば、私たちは社会を成り立たせるためにかなりの負担をしていることが分かります。

国や自治体は、こうした国民の負担によって成り立っているものであり、国民の幸せを保障する責任があるのです。厚生労働省の文書偽造事件で無罪となり、復職した村木厚子さんが初日の勤務を終えた記者会見で、「厚生労働行政は、国民の幸せをつくる仕事」と言っていましたが、それは厚生労働行政だけでなくすべての行政の責任なのです。

認知症になった人が社会的サービスを使って豊かな人生を送れるようにすることを遠慮することはありません。介護する家族が、平穏な暮らしが続けられるように社会的サービスを使うことは当然のことです。社会はそのためにあるのですし、私たちはそのような社会を求めているのです。

なお、負担についてひと言述べておきますと、「応益負担」、「応能負担」、「応分の負担」という考え方があります。

応益負担とは、利用したサービスに応じて負担額を支払うということです。介護保険で言うと、一割の利用料がこれに当たります。これはみんな同じで公平なようですが、収入の少ない人は利用料が払えなくて使いたいサービスが使えないということが起こります。介護保険で、平均すると限度額の半分くらいしか使われていない原因の一つに、一割の利用料があるといわれています。

応能負担とは、その人の収入額に応じて負担額を支払うことです。介護保険では保険料がこれにあたります。収入額に応じて五~七段階(保険者=自治体によって異なる)に区分されているので公平な方法ですが、どのような区分にするかということが大切です。また、収入額しか見ないので、その家族の暮らしの条件などは反映されません。

応分の負担とは、私たち「家族の会」が提唱しているもので、応能負担をさらに進めた考え方です。それは同じ収入額であっても、それぞれの家族の暮らしの条件は異なるわけですから、その家族が暮らしていける負担であるべきということです。つまり、負担額を先に決めるのではなく、憲法で保障する「健康で文化的な最低限度の生活」に必要な額をまず確保して、残りの中から負担を徴収することです。率直に言えば、大金持ちにはもっと負担してもらい、庶民の負担はもっと軽くするべきということです。

泣くこと、話すこと、笑うこと

認知症の人の介護というのは、ある意味ではどうにもならないことと向き合うことです。「どうにもならないこと」には二つの側面があります。

ひとつは、いまの医学では認知症を治すことはできないから、どうにもならない、という面。もうひとつは、わが国の社会と福祉の現状から、どうにもならない、という面です。

それぞれについて説明しましょう。

ひとつ目の、いまの医学では認知症を治すことはできない、ということについて。

認知症は、対応の仕方によって状態を改善できたり、薬によって進行を抑えたりはできますが、病気を治せるわけではありませんから、遅かれ早かれ症状は進んでいきます。食事のあとにすぐ「ご飯、まだか？」と尋ねることについて、食べたことをすっかり忘れるからこうなるのだと理屈が分かって対応はできても、止めることはできません。また、いわゆる〝問題行動〟である「徘徊」や「嫉妬妄想」などが起こったとき、本人の心の内を想像してその場は適切な対応ができたとしても、また繰り返しその行動は起こります。それはどうしようもないことです。その嵐が過ぎ去るのを待つことしかできません。

大切な人が次第に変わっていく様子を眺めていることは、家族にとってつらく、悲しく、やるせないことですが、どうにもならないことです。

もうひとつの、社会と福祉の現状について。

介護保険制度ができて一〇年。サービスの量が増えて利用者も増えました。しかし、制度創設時に言われた「いつでもどこでも誰でもが、必要な時に必要なサービスを利用できる」状態ではありません。また、サービスを利用したとしても、利用者・家族が安心でき満足できる、とは言えない場合もあります。

たとえば、サービスを利用していても、もう少し本人にやさしくしてほしいと思うことなどがあります。とくに施設に入所させているときなどは、もう少し食事介助をゆっくりしてやってほしいとか、もう少しオムツ交換の回数を増やしてほしいなどと思うのは、よくあることです。しかし、在宅での介護が限界になって入所させたのですから、連れ帰ることはできません。施設を替えようにも、いまの施設を退所させたら次の施設には、いつ入所できるかわかりません。

ある家族が勇気を出して施設側に注文を付けたら、暗に「退所してもらってもいいのですよ」と言われました。もちろんこんな施設ばかりではありませんが、良心的に取り組んでいる施設でも、職員体制の不十分さから、したくてもできないこともあるようです。

いずれにしても、もう少し社会の理解があったら、福祉の水準が良かったらと思うことがあっても、家族にとってはどうしようもないことです。認知症の人がかわいそう、申し訳ないと思っても、どうにもならないことです。それは、いまの日本の社会の水準がその程度なのですから、家族の責任ではありません。

では、どうにもならないことに直面した時、家族はどうすればいいのか。

それは泣くことです。ただし、ひとりで泣いたのでは、どんどん悲しみの底に沈んでしまいます。誰かに向かって泣く。そして、くやしさ、悲しさ、つらさ、やるせなさをぶちまけること。

その相手は、同じように認知症の人を介護している人がいちばんいいのです。泣けば一緒に泣いてもらえます。話せば、ツーカーで通じます。相手の話が自分の心にしみます。

共感の輪が広がります。苦労しているのは自分だけではないのだ、と思えます。

そうすると、かならず笑いあえるようになります。涙が笑いに変わります。

笑うことは気持ちを軽くしてくれます。どうにもならないことはどうにもならないのだと、腹が据わります。それは、あきらめとは少し違う、開き直りとも少し違う感情です。

介護に限らず、人は人生の中で、時間が解決してくれるのを待つしかないことに遭遇することがあります。そんなとき、泣くこと、話すこと、笑うことが乗り切るコツだと私は思っています。

つながってこそ希望が見える

泣くこと、話すこと、笑うことが、どうにもならないことを抱えても生きていくコツではあるのですが、しかし先に述べた二つのこと――認知症は治せないこと、社会と福祉の現状――は、ほんとうにどうにもならないことなのか。

そうではありません。どちらのどうにもならないことにも、「いまの医学では」「わが国の……現状から」と書いたように、これはいまだからどうにもならないことなのです。いまはどうにもならないことですが、ほんとうは少しでも早くどうにかしてほしいと多くの人が願っています。できれば、いま介護しているあいだに解決してほしいのです。それはすべての認知症の人と家族の願いです。

どうにもならないことはどうにもならないと腹は据えますが、それはあきらめではありません。家族はあきらめてはいけません。

かつては症状が重くなってからしか「老人性痴呆」と診断ができなかったのに、いまは早い段階から認知症の診断ができるようになりました。かつては、認知症には薬はなかったのに、いまは進行を遅らせる薬が誕生し、さらに根治薬の研究も進んでいます。

医学と薬の分野は医師や研究者の努力を待つしかありませんが、しかしこの人たちにここまで関心を持たせ努力を促してきたのは、家族の力が大きいのです。三〇年前に「家族の会」が誕生して家族が生の声で認知症の人の実態と家族の苦労を訴え出したことが、この人たちの関心をより高めたのだと思います。医療と薬に対する家族の期待の声こそが、それらの進歩を促します。

薬は研究・開発されるだけでなく、それが安全で効果があることが証明され、国によって承認されなければ認知症の人には投与できません。そのため、「家族の会」はその証明のための「治験」に協力してきましたし、国に対しては新薬承認の申請が出されたときには、すみやかに審査に着手するように繰り返し要望をしてきました。いまはどうにもならなくても、一刻も早くどうにかなるように家族も努力をしてきているのです。

社会と福祉の現状についても同じことが言えます。

まだまだ社会の理解と国や自治体の施策は十分ではありませんが、しかしかつては、社会の中には認知症に対する偏見や差別が強く、国や自治体における施策は皆無でした。それが、社会の関心と理解が高まるにつれ、行政施策も前進してきたのです。二〇〇〇年の介護保険制度の誕生は、その象徴です。これについても、「家族の会」の誕生によって全国の家族がつながり、それまでの声なき声を公然と社会への声として発信してきたことが大きな力となっているはずです。大きな流れで言えば、三〇年前のどうにもならないことだらけの状態から、少しずつですが、改善されてきていることは間違いありません。

ですから、いまどうにもならないことは永遠にどうにもならないことではありません。医学や薬のように科学的に研究や開発が進まないとどうにもならないことではなく、社会の理解と福祉の水準は、むしろ社会の人々と行政の意識の問題です。この意識を変えるためには、いま苦しんでいる家族が、認知症問題はこれからのすべての人々にかかわる大切な問題だということを声に出して訴えることです。それによってこそ、どうにもならないことは少なくなっていくのです。

認知症の人を介護する家族は、どうにもならないことについては腹を据え、泣いて話して笑って乗り越えることが大切です。しかし、あきらめるのでなく、自分が介護をしているあいだに、どうにもならないことを少なくしていくこと、よしんば自分の介護中に間に合わなくても、後輩の家族のためになると思って努力をすることによって、明日への希望が見えるのです。それは一人ではできません。家族どうしが力をあわせること――つながってこそ希望が見えるのです。

専門職との付き合い方

認知症の人を介護するとき、家族どうしがつながっていれば介護ができるものではありません。医師や看護師、介護職など医療や介護の専門職と関わることは当然です。認知症の人や家族のことについてよく理解してくれている人もいれば、必ずしもそうでもない人もいます。

専門職との付き合い方は、どうすればいいのか。

肝心なことは、まず専門職の人を信頼することです。この人の〝ウデ〟は大丈夫だろうかとか、この人は私の味方になってくれるのだろうかなどと、相手を疑っていたら良い関係はつくれません。

専門職の人は、大本のところでは患者や要介護者の役に立ちたい、支えてあげたいと思ってその職に就いた人です。世の中にはいろいろな仕事がある中で、決して楽ではない、特に介護の場合は待遇や労働条件も良くないと言われている職業を選んだ人なのですから、かならず心の底にはやさしさを持った人である、と私は思っています。まず、その人たちを信頼するところから家族と専門職の関係を始めること、それが大切です。

しかし、そう思って付き合ってみても、家族の気持ちをピタッと受け止めてもらえないと感じることがあります。それはなぜなのでしょうか。それは、専門職は家族ではないからです。

そのことがはっきりとわかるのは、専門職の人の家族が認知症になったときです。「私はいままで仕事で認知症の人の介護をしてきたし、たくさんの家族にも接してきているから、介護も家族の心も十分分かっているつもりだったが、自分の身内となるとおろおろしてしまって、どうしてよいのか分からない。家族の気持ちがこんなにつらいものとは初めて知った」という専門職の人を何人も知っています。

ですから私は、家族に認知症の人がいる専門職がもっと増えればいいと思ったりするときがありますが、いやいやそれは正しい考えではないと自分に言い聞かせます。

では、家族の気持ちをピタッと受け止めてもらえないと感じたとき、家族はどうすればいいのか。

それは、この人は家族でないのだから仕方がないと割り切ることと、しかし一方では、完全には理解できなくても近づくことはできるはずだし、そもそもこの人が専門職として さらに力を付けるためには必要なことだから私が教えてあげよう、くらいのつもりで、率直に気持ちを伝えることです。自分のいちばん身近にいて状態を知ってくれている専門職に気持ちが分かってもらえなかったら、親戚や隣近所の人たちに分かってもらえるはずがありません。さらに大きく言えば、政治家や行政の人も含め社会の大勢の人に分かってもらうこともできず、それでは社会の認知症への取り組みも進みません。

ただし、家族だけが、伝える努力をするのではなく、受けて立つ専門職にも努力をしてもらいたい、と私は思っています。

家族でない専門職が家族の気持ちを一〇〇パーセント理解できないのは当然です。それは「能力」の問題ではなく、家族でないからというだけのことです。問題は、家族に寄り添おうという姿勢があるかどうか、です。教科書通りのことを機械的に上から教えるような態度では、家族の心は閉ざされてしまいます。家族がやっていることが、専門職の目から見れば多少間違っていても、それが家族の実態であり、その家族なりにがんばっている姿です。まず受け止めること、そこから家族との付き合いを始めていただきたい。

家族ではないのだから一〇〇パーセント理解することはできないとしても、家族に「分かってもらえる」という安心感、「分かろうとしてくれている」と思える信頼感が与えられるかどうか。そこが家族から言えば、良い専門職かどうかの分かれ目です。

しかし、家族の気持ちに寄り添ってくれるだけが良い専門職ではありません。家族と専門職の違いは何か。一言で言えば、素人と玄人の違いです。家族の介護は、勘と経験の介護。専門職の介護は科学的、理論的な介護です。専門職は、素人の家族の介護から学びながら、家族に教えるということがなければなりません。家族もまた、実態を率直に伝えながら、専門職の教えを乞うという謙虚な姿勢が必要です。そうしてこそ、両者のそれぞれの力が合わさって、認知症の人にとっての良い介護が実現できるのです。

そうではありますが、ごく稀には専門職の中にも家族から見て箸にも棒にもかからない人はいます。そういう専門職とは付き合わないことです。

第六章　希望への道筋

つながる家族

一九八〇年一月二〇日、「呆け老人をかかえる家族の会」が結成されたとき、日本の家族はつながることを知りました。それまでは、家族はばらばらでした。みんな大変な苦労をしていたのに、堂々とその苦労を語ることができず、したがって同じ苦労をしている仲間がいることも知りませんでした。

しかしつながることによって、事態は何も変わらなくても意欲や勇気がわくことを知ったのです。また、つながることによって、家族の声を社会に伝えることができ、社会の関心を高め、行政施策の前進を促せることも知りました。

「家族の会」は結成から三一年を経過した現在、四六の都道府県に支部があり、一万人を超える会員がつながっています。家族がつながるために、支部は家族のつどいを開催しています。つどいの開催日時は地元新聞などで紹介してもらって、会員以外の家族の参加も呼びかけています。孤立する家族をなくしたいという思いからです。二〇一〇年の一年間では、二八一九カ所で開催し、三万八二五〇人の方が参加しています。

「家族の会」の誕生で、高齢者を介護する家族がつながることの大切さが理解されて、一九八〇年代初めころから家族が集まる機会と場所を作る取り組みが広がりました。保健所の保健婦（現在は保健師）たちは介護者教室を開きました。社会福祉協議会は介護者支援として地域単位で、病院や施設では利用家族を対象にして家族会を設けていきました。近年では、地域包括支援センターやＮＰＯなども家族会の開催を始めています。また、若年期の人だけ、男性だけ、特定の病気だけを対象にした家族会も開催されてきています。これらは、いま全国にどれだけあり、どれくらいの家族がそこにつながっているのでしょうか。九五年に「家族の会」が知りえた限りでは全国に四六六の家族会がありましたが、その後は調査されたものがないので分かりません。しかし、それよりははるかに多くなっていることは間違いないでしょう。

こうして見てみると、この三〇年間に家族がつながれる場が急速にできましたし、日常的につながっている家族も「家族の会」の一万人以外にも大勢おられることが分かります。

いま介護で苦労している家族が仲間とつながり交流する中で勇気や知恵を得たいと思えば、少し探す努力をすればかならず身近なところにつながれる場があるということです。このことは、家族にとって心強いことです。

また、全国の各地で、いろいろな形で家族がつながり、介護の苦労や悩みを語り合い経験や知恵を交流・共有する場が増えることは、それだけ社会の人々に伝える声も大きくなることであり、新しく介護に直面する人々もつながりやすくなり、どんどん家族のつながりが大きくなっていくことなのです。

医療の進歩、福祉の前進

「高見さん、これは治りません。したがってお家でお世話してあげるしかないでしょう」と医師に言われた三〇年前から比べて、医療は進歩したのでしょうか。手術や薬やその他の治療で、治すことが医療だとしたら、残念ながらほとんど進歩はしていません。

しかし、治すことだけが医療ではない。そもそも人は誰も年をとり、やがてかならず死ぬのです。どんなに医療が進歩しても、加齢や死を防ぐことはできない。だとしたら、医療の役割とは何か。それは、人が与えられた寿命いっぱい、豊かに生きるのを支えることだと言えるでしょう。

病気を研究し、患者や家族に病気の正しい知識を教え、治せる病気は治すために力を尽くすが、治らなくても患者や家族に寄り添って病気を持って生きていくのを支える――それが医療だと私は思っています。

そういう視点から言えば、医療の進歩はめざましいと言えます。

認知症になる個々の病気の研究が進んでいます。早期の診断が可能になりました。早期に発見できれば対応ができますから、認知症に限らず病気の早期診断・発見はとても大切なことです。薬の研究も進んでいます。症状の進行を遅らせる薬は数種類となり、飲み薬だけでなく貼り薬も出るなど多様になりました。

何よりも、認知症に関心を持ち対応してくれる医師が増えました。認知症専門医やサポート医などの資格ができ、その研修が行われています。「もの忘れ外来」などとして、受診しやすいように配慮するところも増えています。診断するだけでなく、その後の暮らしに関わってくれる医師も増えてきました。

看護師をはじめ医療の専門職の間でも、認知症への関心と対応が進んでいます。認知症の入り口の診断からやがて訪れる終末期まで、医療と関わらずに介護はできないのですから、このような医療の進歩は家族にとっての喜びです。

三〇年前、「ぼけは手がかかるからダメ」とショートステイを断った福祉は進歩したのでしょうか。こちらは、そもそも認知症にたいする施策がなかったのですから、大きく前進したと言えます。

福祉が認知症に関わり始めたのは、家族支援の観点からでした。家族の苦労を見かねて始まったのが、今で言うデイサービス、ショートステイです。家では看られないから預かってくれるのが特別養護老人ホームです。認知症の人本人の思いを汲んだり、尊厳を守ることなどを目的にして始まったのではありませんでした。もちろん家族の希望も、とにかく預かってもらえさえすればよい、ということでした。

しかし、スタートはそうであっても、預かってくれた専門職の人たちは、預かっているあいだ認知症の人たちに心地よく過ごしてもらうために工夫と努力をしました。楽しく過ごしてもらうだけでなく、生きがいを持ってもらえるような対応もしてきました。認知症の人が自ら思いを語るようになってからは、本人の思いに沿ったケアが、さらに強調されるようになりました。

認知症の介護に関わる専門職の資格も、介護福祉士、社会福祉士、ケアマネジャー、管理栄養士、音楽療法士、アニマルセラピスト、認知症ケア専門士、福祉住環境コーディネーター、認知症ライフパートナーなど国家資格やそうでないものなどさまざまですが、たくさんできました。資格を取る専門職の方は時間も費用もかかって大変ですが、それだけ勉強をされることであり、家族からみれば心強いものです。

住民の輪、地域の輪

認知症の人が増えてくると、当然のことですが、家族や親戚の中に認知症の人がいる、という人が増えてきます。知り合いに認知症の人がいる、という人も増えてきます。家族や親戚や知り合いにいなくても、街にデイサービスの車が増えたり、新聞やテレビで介護の話題が増えると、認知症に関心を持つ人が増えてきます。

そうなると、認知症のことを知ろうと思う人も増えてきます。認知症の人を支えるために何かしたい、と考える人も現れてきます。

そのような時期に厚生労働省が音頭を取って始まったのが、「認知症を知り地域をつくるキャンペーン」でした。二〇〇四年に国際アルツハイマー病協会の国際会議が京都で開かれたことと、「痴呆」が「認知症」と替わったことを契機にして始まりました。認知症の人を支える地域づくり町づくりの取り組みをモデルとして紹介することと、認知症の人の理解者である「認知症サポーター」を養成することが目的の事業です。

町づくりの取り組みは、これまで四五団体がモデルとして紹介されました。

認知症サポーターの数は、二〇一一年三月の時点で二五〇万人を超えました。このための養成は、九〇分程度の講義で、認知症の基礎知識を学び、認知症の人の理解者になってもらうものです。受講者には、サポーターの印であるオレンジ色のゴム製の腕輪が渡されます。

短時間の講義で認知症のことが理解できるのか、その程度のことで実際に認知症の人の支援ができるのか、などという意見もありますが、私は六年間に二五〇万人もの人がサポーター養成講座を受講されたことに感動しています。

二五〇万人の中には、全国規模の企業・団体が従業員、構成員向けに行ったサポーター養成講座の受講者が一〇万人ほど、「家族の会」などが行った養成講座を兼ねる講演会、シンポジウムなどの参加者が五万人ほどいますが、それ以外の人は自治体や地域の団体主催の養成講座を受講した人です。

受講の動機や理由はさまざまでしょうが、認知症のことを理解しよう、支えようと考える人が増えていることは間違いありません。こんな時代になったのだ、と感慨深いものがあります。

また、高齢者や障害者を支えようというＮＰＯの活動もたくさん始まっています。これらは、行政だけでは行き届かないところをカバーしようという取り組みです。たとえば、買い物や通院の際の移送サービスであったり、見守りも兼ねた配食サービスであったり、認知症の人の話し相手であったり……です。まったく無料でやってもらえるわけではありませんが、善意のうえに成り立っている地域の輪と言えます。

このような輪の広がりは、三〇年前にはありませんでした。認知症の人が増え、暮らしにくさも大きくなってきているから、このような助けあいの輪も大きくならざるを得ないのだという考え方もできるでしょうが、しかし、そうであっても、一方では人間のやさしさの表れだとも言えると思います。

行政施策の充実と人間のやさしさとが両方あってこそ、認知症の人の介護はできるのだという私の考えからしても、住民の輪、地域の輪が大きくなることはどうしても必要です。ただし、為政者の方が、これらの輪をあてにして、施策の充実の手を抜くようなことがあっては困りますが。

子どもたちの関心

小学生や中学生、高校生たちに認知症のことを理解してもらおうという取り組みも始まっています。

学校の中で介護のことや認知症のことを教える先生も出始めています。そのために広島では、「家族の会」県支部が作成した若年期認知症のリーフレットを県教育委員会が副読本として学校に配布しました。

先に述べた認知症サポーター養成講座を授業に取り入れる中学校も出始めています。京都のある中学校では、三年生の八クラスで一斉にサポーター養成講座が行われました。専門職の認知症の知識の講義とともに、「家族の会」京都府支部世話人による介護家族の心理についての講義もあります。支部の世話人八人がそれぞれ自分の体験を基にして中学生に語りかけました。両親を遠距離介護中の世話人は、両親の元気なころと現在の写真を拡大して持参。それを生徒たちに見せながら、「みなさんのご両親も、みなさん自身もやがて歳をとる。老いはひとごとではない」と語りかけ、認知症の親への思いを話しました。話しながら泣いてしまい、生徒たちも泣きながら聴いてくれたということです。

「いまどきの子どもは」などという声も聞きますが、子どもたちはいつの世でも純真な気持ちを持っているな、と思います。私の子どものころは、日が暮れるまで友達と原っぱや山や川で遊んでいましたが、最近は子どもの生活も忙しくなっています。そんなこと一つとってもたしかにいまどきの子どもは昔の子どもとは違いますが、成長途上の人間としての純真さは変わっていないように思います。

「『ぼくがおぼえているからね。おばあちゃんがわすれたら、ぼくがお話ししてあげる』

と言ったくまくんはとってもやさしい子だというのがわかりました。とってもすてきなお話でした。

わたしのおばあちゃんは、お父さんのこともわたしのことも、わすれるびょうきなので、くまくんの気もちがよくわかります。」

小学二年生の女児の、『むねとんとん』（さえぐさひろこ作、小峰書店）という絵本の読書感想文の一節です。この子の母親は、「作文を読んで思わず涙ぐんでしまいました。子どもって親が知らない間にずいぶん成長していくもんですね」と述べています。

高齢者が増え、したがって認知症の人も増えることによって、社会はどうなるのかと心配する向きもありますが、「いまどきの子どもたち」に人は誰もが老いることを教え、認知症の人のことも知ってもらうことによって、やさしさが育まれるとともに、高齢社会を担っていくにふさわしい社会人として成長してくれるだろうと思います。

すべての障害者への理解

人間は誰もが老います。老いるということは人として成長、成熟することですが、一方では、肉体的には衰えて「死」に近づくことでもあります。行動が不自由になったり、見かけ上ではしわが増えたり、腰が曲がったりします。「死」に向かっているのですからそれはやむを得ないことで、いつか必ず、誰もが通る道です。

だから、高齢者を尊重することは、将来の自分を尊重することであり、高齢者を粗末に扱う社会は、すべての人の未来を粗末に扱う社会だと思います。

それでは、認知症についてはどうでしょうか。認知症も「私は認知症にならない」と断言できる人はいません。六五歳以上では八パーセント程度、八五歳以上になると二五パーセント程度の人が認知症になると言われています。絶対の予防法はありません。「歳をとる」ことのように一〇〇パーセントの人がそうなるわけではありませんが、誰がなってもおかしくない確率です。

では、障害者についてはどうでしょうか。これも「絶対に私は障害者にはならない」と断言できる人はいないでしょう。薬害や公害にあえば、その人には何の落ち度も責任もないのに知らない間に障害者にさせられてしまうのです。最近の効率主義、経済至上主義の職場環境は、かつてない規模で心の病を引き起こしているといいます。地震、津波、原発事故なども障害者を生みます。交通事故によっても、誰もが障害者になる可能性を持っているのです。

つまり、「私は歳をとらない」と言える人がいないのと同じように、「私は認知症にならない」「私は障害者にならない」と断言できる人はいません。

高齢者を大切にすることは将来の自分を大事にすることと同じように、障害者や認知症の人を大切にすることもまた、自分を大事にすることなのです。

みんながそのことを理解することが大切ですし、とくに政治や行政がそういう立場ですすめられることが何より大切なのですが、大きな流れとしては、少しずつこのような理解が進んでいると思います。

前にも述べた難病患者や薬害被害者の取り組みのように、以前なら社会に相手にされなかったようなことが、社会問題になり、世論の支持を受け、当事者の言い分が理解されてきているのです。

障害の問題や薬害の問題が社会に理解されるようになったことは、認知症の問題が理解されるようになってきたことと無関係ではありません。そしてまた、私たちが認知症の理解を求めてきたことは、間接的にすべての障害者や薬害で苦しんでいる人たちを理解することにつながっていたのだと思います。

体に障害があっても、心に障害があっても、認知症であっても、人としての価値や尊厳には何の違いもない——そのことが理解され広まってきていることに希望への道筋を私は見ています。

あとがき

本書のすべての原稿を書き上げ、さて残るは「あとがき」だけとなった時期に、東日本大震災が発生、東北地方から関東地方にかけての太平洋沿岸部が地震と津波の甚大な被害に見舞われました。死者・行方不明者は二万数千人です。加えて福島第一原子力発電所事故により、町ごと村ごとの避難が相次いでいます。しかも原発の危機的事態はいまだ収まる気配を見せず、被害はどこまで拡大するのか見通しがつきません。

この大震災で両親を失った子どもが八二人になるそうです。(四月八日、厚生労働省)私と同じ境遇になる子どもたちです。これからどんな人生を送ることになるのか。私は、幸いなことに伯母夫妻に引き取られて育てられましたが、この八二人の子どもたちはどうして生きていくのか。親戚や知り合いや地域の人たちの善意と愛情だけに任せることなく、国や自治体が仕組みとして子どもたちの成長をしっかりと支えてあげてほしいと思います。

それとともに思うのは、子どもだけを残して突然亡くなった、両親の気持ちです。まったく予期もしていないときに、突然、子どもを残して自分が死んでしまうことになったら、それは死んでも死にきれないのではないか。八二人の子どもたちの両親はどんなに悔しいことだろう、心残りのことだろうと思います。

しかし、そんな風に、私が、亡くなった親の気持ちを想像できるようになったのは、自分が親になってからです。若いころは、事故や災害で親を亡くした子どものことをニュースなどで知ったとき、かわいそうに、どうか幸せになってほしいと自分の境遇と重ね合わせて、子どもの方に同情を寄せていました。高校を卒業したら、児童養護施設などそういう子どもに関わる仕事に就こうかと思っていたこともありました。

自分が親になって、わが子が、私が福井大地震に遭ったのと同じ年頃になったとき、気づきました。「両親は、私がこんな小さいときに突然死んだのだ！」。自分が、いま地震で突然死んだとしたら、死んでも死にきれない、と思いました。人が思いがけず早い時期に死ぬことは、死んでゆく者にも残される者にも悔しさと痛みをもたらすのです。

人は必ず死ぬのですから、親子でも兄弟でも夫婦でも友人でも、いつかは必ず別れがやってきます。しかし、その別れの時は、亡くなる人がその人なりに寿命いっぱい生き抜いたという状態で迎えたい。そうすれば死んでゆく人も見送る人も、悲しいことだけれど仕方がないことだと、双方が納得できるのではないか、と思います。

ちょうどロウソクが燃え切って静かに自然に火が消えるように、です。それは、年齢で何歳と決められるものではありません。ロウソクでも太さ長さがいろいろあるように、人もそれぞれ持って生まれた寿命の太さ長さはさまざまだからです。

事故や災害で、予期せぬときに不意に死ぬのは絶対よくない。それはロウソクの火が途中で消えるのと同じだからです。ましてや公害や薬害や戦争などで死ぬのはもってのほかです。それは人為的に消されることだからです。

しかし、寿命いっぱい生きるというのは、ただ単に命さえ永らえればよいというものではありません。人として最期まで尊厳が保たれて生きられることが必要です。昔は、歳をとって寝たきりや認知症になると、尊厳や人権などは無視されて、それはひどい扱いを受けました。病院や施設では大部屋に物のように寝かされて、機械的に食事と排泄の世話だけの介護の下に置かれたり、ベッドにくくり付けられたりカギのかかる部屋に閉じ込められたりしました。そんなことではいけません。

たとえ、寝たきりになっても認知症になっても、人間としての値打ちは何も変わりませんし、自分は何も変わっていないことは、誰よりも本人自身がいちばん分かっているはずです。無視や差別や侮辱をされず、贅沢でなくても人間としての尊厳を保って寿命いっぱい生きられることが肝心なのです。

私の地震の体験と母の介護から、人間は寿命いっぱいを尊厳が保たれて生きられなければならないということを信条として「家族の会」の活動をしてきたのですが、今回の大震災であらためてそのことへの思いを強くしました。

今回の大震災の経験で、もうひとつ強く思ったことは、本書のテーマである、〝つながれば、希望が見えてくる〟です。

三月一一日午後二時四六分、東日本大震災が発生。京都の「家族の会」事務局では、私を含めて職員八人のうち、地震を感じた者と感じなかった者は、半々でした。念のためテレビをつけてみると、なかなか大きそうな地震でした。私たちが災害などの際、まず思うのは会員は無事であったか、ということです。まずは、該当地域の支部代表、支部事務局と連絡をとらなければなりません。

電話をかけますが、東北、関東の支部とそれぞれの支部代表にはどこもつながりません。一般電話も携帯電話もつながりません。一気に不安が高まります。そのうちテレビが地震と津波の惨状を次々と伝え始めました。火災も起こっています。

事務局の職員が懸命に電話をかけ続けて、最初につながったのは夕刻、宮城県仙台市に住む同県支部代表の携帯電話でした。交通がストップしたため支部事務所から歩いて帰宅したところでした。さいわい自宅は無事だったものの、家の中はめちゃめちゃになっているとのことでした。続いて携帯電話がつながったのは、千葉県支部代表でした。こちらも自宅は無事だったが、家の中は散乱。片づけをしている最中につながりました。なにはともあれ、無事だったことに安堵です。

私たちが最も心配したのは、陸前高田市に住む岩手県支部代表と八戸市に住む青森県支部代表のことです。陸前高田市は津波により町全体が壊滅状態になっていることをテレビが繰り返し報じていますし、八戸市も津波に襲われて多数が被害を受け、死者も出ています。電話はつながらないし、もちろんEメールも返事が来ない。不安は募るばかりです。どうしたらいいのだ！　と焦るけれど、どうしようもありません。

地震から三日目の日曜日の早朝、私の携帯電話が鳴りました。青森県支部の代表でした。「生きています！」が開口一番の言葉でした。彼女の声を聞いた途端、私は泣けて言葉が出ませんでした。それからさらに三日後、岩手県支部代表の無事も確認できました。地震のときはちょうど久慈市で「家族の会」支部のつどいをしていて、いまは盛岡市の娘さん宅へ身を寄せている、陸前高田の家は跡形もなくなったとのこと。彼の声を聞いたときも、泣いてしまいました。

地震と津波と原発事故に見舞われた福島県の支部代表も無事で、水もガスも停まり食べ物もなくなった勤め先の老人福祉施設に職員と泊まり込んで、一〇〇人の利用者を守って頑張っていることがわかりました。

東京都支部代表は地震の日は家に帰れず、支部事務所に泊まったこと。茨城県支部代表も支部事務所で地震に遭ったが無事、ただ自宅の方は商売道具の食器類が大被害を受けたこと。山形県も埼玉県もその近隣の支部代表もいずれも無事であることがわかり、胸をなでおろしました。ただ、その後、宮城県支部の世話人が津波被害で亡くなったことが判明し、いまも連絡が取れない会員が四名おられることは悲しくてたまりません。

震災直後は、とにかく無事かどうかが心配で必死で安否確認をしますが、一段落すると、今度は被災地の人たちに何ができるのか悩みます。

「家族の会」は阪神と新潟の震災の経験から、ただちに被災会員を支援するための義援金の募金を開始しました。地震発生四日目の三月一四日には、全国の会員あてに義援金への協力を呼びかける案内文書を作成し、発送しました。義援金はただちに、続々と集まり始めました。また本部事務局で、地震、津波に襲われた地域の会員の安否確認を行い、該当支部へ情報を伝えました。会員からは、現地に行って支部に協力したいという申し出や、物資を送りたいとの申し出も相次ぎましたが、行政機関ですらまだそのことができていないときでしたから、断念せざるを得ません。

被災地では、多くの人が大きな困難に直面しているのに、義援金を集めることと安否確認しかできないことに、苛立ちと申し訳なさが募りました。

「家族の会」の全国の支部からも、被災地の支部に対して激励のメールや電話、手紙などが送られました。熊本県支部の会員は絵手紙に「何も手助けできないのが悲しい」と書いて送りました。私だけでなく、会員の多くが、居ても立ってもいられない気持ちなのに、現実には何もできないことを悔しく、悲しく思っていました。

そんな気持ちでいる三月下旬、「家族の会」千葉県支部の会報が届きました。そこに書かれた「会員の皆様へ　未曽有の大地震でした」という支部代表の言葉に、あっと思いました。そこには、こう書かれていたのです。

「……大揺れが収まり、直後から電話も携帯メールも麻痺状態で、家族の安否の確認もできず家の中に散乱したガラスや瀬戸物を片づけはじめていた最中の午後六時半、私の携帯電話が地震後初めて鳴り、それは京都の本部事務局からの電話でした。思わず電話で話せたうれしさと、案じてくださったことがありがたくて声が上ずっていたと思います。……」

「案じてくださったことがありがたくて」に、目からうろこが落ちる思いでした。私たちが心配していたことが、彼女にはありがたかったのです。心配するほうは、心配するだけで何も力になれないと思っていますが、そうではなかったのです。

そういえば、手分けをして安否確認の電話をしてもらった本部の電話相談員も、電話をして喜ばれたと言っていましたし、被災地の支部の代表たちも全国からの激励のエールに励まされたと言っています。

遠く離れていると、何もできない、力になれないと思いがちですが、まず、相手のことを気にかけること、案じることが、被災した人たちへの支援の第一歩だと痛感しました。

そして不思議なことは、私たちが被災した人たちを励ましているだけでなく、私たちがその人たちから励まされるということです。

甚大な被害があった宮城県支部の世話人たちは、地震から一一日目には電話相談を再開しましたし、支部の全会員に見舞いと被害調査を兼ねた手紙を発送しました。四月には通常のつどいだけでなく、男性介護者のつどい、若年期認知症のつどいも開催しました。

福島県支部の世話人たちは、県のコールセンターの相談員を震災後も休むことなく継続し、福島第一原発の影響でほとんどの住民が避難した相双《そうそう》地区を除く六地区すべてで四月のつどいを行いました。岩手でも四月に内陸部の数カ所ではつどいが開かれました。その他の支部でも、長引く余震の中、活動を進めています。

「家族の会」本部では、これらの動きを、メール通信網で全支部の世話人に随時伝えています。この被災地域の支部の活動は、全国の世話人に感動と勇気を与えています。

励ますほうからのエールが励まされるほうに力を与えますが、励まされるほうのがんばりはもっと大きい感動と勇気を励ますほうに与えているように思います。このことが、つながっていることの効果ではないでしょうか。

岩手県支部の代表と初めて電話がつながったとき、彼が言いました。「宮城の代表は無事でしたか?」。わが家は跡形もなくなっているのに、人のことを気遣う。両代表はその後、電話で言葉を交わしました。被害の大きかった支部どうしも、こうして力を与え合っているのです。

つながりがあったからといって、避難所で暮らす困難さ、水やガスや電気が使えない不便さ、ガソリンや食料の不足という大変さなどが解消できるわけではありません。しかし、つながりがなくて孤独であったとき、これらの困難はいっそう大きくなるでしょう。つながっているから、仲間がいるから、仲間が応援してくれていると思えるから、人は困難に負けずに立ち向かう力が生まれるのだと思います。

大震災を通じて得たその思いは、日ごろの介護を通して確信となりつつあった〝つながれば、希望が見えてくる〟とまったく同じことでした。

人は、ひとりでは生きられない。仲間とつながれば、困難は軽くなる気がします。困難に立ち向かおうという勇気もわいてきます。つながっただけでは解決できない社会的、政策的な困難には、仲間とともに改善を求める声を上げることができます。そのことがまた、つながりを強く深くします。そうなったとき、介護は決して楽なことではないが、まったくマイナスばかりでもないと思えるのではないでしょうか。

「家族の会」は二〇一一年四月中旬に、厚生労働大臣あてに大震災に関しての緊急要望書を提出しました。その内容は、厚生労働省が地震発生以来とっている緊急対策や制度の弾力的運用通知に感謝し、それらが自治体や現場で徹底されるように求めるものです。また、仮設住宅建設に際しての認知症の人への配慮や、非常事態での老老介護、認認介護（認知症の人による認知症の人の介護）への配慮などを要望しました。そして、最後の項目は、要望というより提案です。

次のように書いています。

「被災者の避難地域は全国に広がっています。当会は全国に支部組織があるので、知らない土地に避難してきた認知症の人と家族の力になれると思います。避難者に『家族の会』を紹介してあげてください。」

「家族の会」は会員どうしだけがつながっているのではありません。電話相談もつどいも、会員でない人も対象にしています。会員であるか否かを問わず、悩みを聞き、自分たちの経験と情報を伝えて、交流を深め、介護家族の力になっています。今回の大震災と原発事故による避難者が、知らない土地で認知症の人をかかえて困っているなら、全国に支部がある「家族の会」の出番です。私たちの方からもそのような人がおられたら積極的に声をかけようと思っています。家族どうしのつながりを作ることで、避難者の生活の困難を支えたいと思っています。

あとがきが、東日本大震災と「家族の会」の話になってしまいました。

いまわが国は戦後最大の困難に直面しています。この時期に、私なりに被災者に何ができるかを考え、個人の無力さに悲しくなりました。しかし、その中で、あらためてつながることの強さを感じました。本書を通して伝えたかったことが、大震災を通してもう一度浮かび上がりました。ですから、こういう「あとがき」になりました。お許しください。

なお、「家族の会」の本部事務局は京都にあります。フリーダイヤルで認知症や介護の相談に応じています。〇一二〇‐二九四‐四五六におかけください。(月～金曜日、一〇時～一五時。休日除く。) ホームページのURLは、www.alzheimer.or.jpです。

二〇一一年五月一〇日　東日本大震災発生から二カ月を前にして

高見国生

高見国生

1943年，福井県生まれ．京都府立洛北高校卒．京都府職員を経て，現在，公益社団法人・認知症の人と家族の会(全国47都道府県に支部があり，会員1万人．旧称「呆け老人をかかえる家族の会」)代表理事．20〜30代の時に，共働きをしながら，ぼけた母親(養母)を約8年間在宅で介護，その中で1980年，「家族の会」結成に参加し，以降今日まで代表を務める．

ああ認知症家族—つながれば，希望が見えてくる

2011年7月15日　第1刷発行
2016年11月4日　第8刷発行

著　者　高見国生《たかみくにお》

発行者　岡本　厚

発行所　株式会社 岩波書店
〒101-8002 東京都千代田区一ツ橋2-5-5
電話案内 03-5210-4000
http://www.iwanami.co.jp/

印刷・精興社　製本・中永製本

ISBN 978-4-00-022066-8　　Printed in Japan

- 痴呆を生きるということ　小澤　勲　岩波新書　本体八二〇円
- 認知症とは何か　小澤　勲　岩波新書　本体七四〇円
- ルポ 認知症ケア最前線　佐藤幹夫　岩波新書　本体八〇〇円
- 介護保険は老いを守るか　沖藤典子　岩波新書　本体八〇〇円
- 認知症30カ条 予防から介護まで　認知症予防財団編　岩波ブックレット　本体六六〇円
- 〈病気を生きぬく1〉〈医師〉〈看護師〉〈患者・家族〉による 認知症の本　三宅貴夫・堀内園子・内田勝也　四六判一六四頁　本体一七〇〇円

岩波書店刊

定価は表示価格に消費税が加算されます

2016年10月現在